Lisi Schuur

Unbegrenzt

Gedichte

Herstellung und Verlag:
BoD - Books on Demand, Norderstedt
ISBN 978-3-8391-1164-2

Berührungspunkte

wieviele
wir wohl haben
unser Bild
wird sich
nie
vollenden

Ein Schiff das fest verankert ist
kennt manche wackeligen Planken
das Schwanken vieler Schritte kennt es
auch

Ach, lass mich doch in deinen Bauch
ich werde schweben über deine Rippen
und über alle Wolken auch

Du
ich habe mir
unsere Partitur
genau angesehen
wir sind
wie Noten
die zwischen die Linien
kippeln wollen
ein kleiner Punkt
der uns festhält
weiß
um unsere Verlängerung

Im
Blau
Gefühle satt
doch
meine Lust
will
Rot

Als hätte das Gelbe die Geige gespielt
das Rote die Trommel geschlagen
als hätte das Grüne sich vorgenommen
es wolle das Mischen ertragen

Als hättest du zart meine Hand
gestreichelt
ein loderndes Feuer entfacht
als wäre mein Sehnen wahr geworden
in unserer letzten Nacht

Der Mond

als ob er
verstecken will
was ich ihm
angedichtet
--
Neumond

Ich stell dich in den Vordergrund
erspare mir den Hintergrund
denn du allein sollst mir genug
sollst mir am liebsten sein

betrachte dich und denke mir
ich drehe dich und schenke dir
ein wenig Ausgeschmücktes doch
ich nehm's nicht so genau

du leuchtest jetzt so wunderbar
und deine Reize sind so klar
die Differenzen die ich sah
liegen nur im Detail

Sie

Keiner kam
an ihr vorbei
dafür sang sie
viel zu tief
keiner hat ihr
wehgetan
so unnahbar
war sie

auf verblassten
Plattenhüllen
krümeln
Tabakreste
Pfeifenköpfe
und
Zigarren
liegen routiniert

selten lüftet man
das Zimmer
alter Atem
liegt in Ecken
die Geheimnisse
der Nacht
finden nie
den Tag

Keiner hat sie
mitgenommen
sie hat nur
gelacht
jeder hat das Bett
für sie
weit entfernt
gemacht

und die Spuren
vieler Finger
auf dem Deckel
des Pianos
zahnlos grinsen
alte Flüche
spielen
Blechmusik

Wie ist es dir ergangen
in der Zeit
zwischen
damals und heute
fragst du

ich habe versucht
in die Helligkeit zu sehen
sie hat mich
oft geblendet

was ist mit mir
möchtest du wissen

du bist
groß geworden
in mir
weil ich
dich
zugelassen
hab

Du
heute Nacht
hab ich
deine Träume geschmeckt
als ich dich
geküsst
im Traum

Ungesichert

ein trauriges Herz
das aus dem Takt
geriet
weil es verlernte
den Himmel in sich zu tragen
der Mund
versucht sich
an Floskeln
vergessen
die klare Stimme
ich möchte
meine Programmierung
löschen
dass ich weinen kann
wie ein Kind
dem die Erklärung fehlt
ich probiere
den Sand
ob er genauso schmeckt
wie früher
der randlose Sandkasten
lässt mich
nicht balancieren

verstört
schicke ich dir
diesen Text
ohne Bild
wirst du ihn nicht
zu den
Urlaubsfotos legen

Ein Himmel ohne Sterne
und in der Ferne
liegt ein
Ach!

Gemach
denk ich
und sehe
den vielen
Regenwolken
nach

es soll ein Gedicht

    ohne
    ich

sein

darum
ist das
DU
so groß

es soll ein Gedicht

    mit
    uns

sein

wie schaffen

    WIR

das
bloß

Für Frank K.

Alles ist vorstellbar
ein unbegrenzter Horizont
und du
kreuzt dir die Hände am Hinterkopf
und siehst
Hindernisse
sich dir
in den Weg stellen
Distanz halten
geht nicht
es ist alles so nah
du denkst
an deine Empfindungen
auf den langen Strassen
in Kanada
alles
schmeckt
nach Freiheit
die
du spürst
das Wichtigste ist
sie dir
kommst an
in Edmonton

bist
sicher
dass sich alles
verwirklichen lässt
was man sich vorstellt
hoffst
dass sich jeder Traum
erfüllen kann
—
weisst
dass dein Traum
Wirklichkeit wurde
weil du es
unbedingt wolltest

Wenn ich könnte
fiele ich in dein Herz
weil es dann sicher wäre
dass du mich siehst

Wenn ich wüsste
fiele ich dir in's Buch
weil ich dann Hoffnung hätte
dass du mich liest

Wenn es ginge
fiele ich dir um den Hals
dass ich dich küssen könnte
und überhaupt

Ein einsames Blau
macht
den Himmel
so unbarmherzig
stählern
wie die Flinte
die 'Stirb!'ruft
wenn man sie lädt
die Handwurzel an der Stirn
und die Augen
versuchen
nur die Armbeuge zu betrachten
weil der Himmel
sonst treffen könnte
zwischen die Augen
wo bist du
und deine versöhnliche Hand
auf meinem Kopf
ich habe Angst
vor dem unwiderruflichen Schuss

Eingeschränkte Sicht

Rückwärts fahren um zu wenden
die Schlaglöcher sind viel zu tief
für elegante Kurven

die Trostlosigkeit der Musik
minutenlang Disharmonie
und keine Aussicht auf Gigs

Orange in den Vogelaugen
schärft den Blick für Staubpartikel
heruntergekommener Dreck

ein Verkehrsunfall wär nicht schlecht
und danach ganz groß rauskommen
nimm das Risiko auf dich

und auf dem Albumcover
dein Rest von dir in Schwarz
leicht verwackelt verlässt du dich

Ich hauch dich aus
wie Luft
die nie etwas gewogen
ist gut so
denke ich
und bleib
ganz
unverändert
ICH

Graustufen

Du schreibst die Lieder
die im Album
schwarze Farbe tragen
wenn ich sie höre
sind sie sepiagetönt
geschönt
wie alles was erinnern kann
ich lege meinen offnen Mund
an unser Lied und
singe mit
zuerst schmeckt es nach
abgestandnem Bier
doch ganz zum Schluss
da perlt es wie Champagner

Soll ich denn
wirklich so tun
als wäre da niemand
der vor dem Spiegel schluchzt
wenn ich mich ansehe
ringsum
die Nachtschwalben
im Duett mit den Grillen
las ich bei dir
und du hast vergessen
die Flugameisen zu erwähnen
einfallslos
nicht
doch
überbevölkert
und lahm
im Regen
eine Liebe
in alle Lüfte verweht
dunkle Tränen
die nicht hell
werden können
Gewitterwolken
aus denen Blitze schiessen
die mich treffen

Erinnerung
an dich
die Bilder
bewahre ich
in meinem Kopf
unbeschrieben
bleiben
sie
lebendiger

Am Ende des Jahres

verschluck mir doch
die schönen Stunden nicht
auf ungemähten Wiesen
liegt letztes Tageslicht
es wandert über
viele Hügel
ganz ohne Zügel
trabt ein wildes Pferd
und sucht sich seinesgleichen
--
und später
Mond und Sterne
die Weichensteller
sind schon da
die Zeit
in Hälften einzuteilen
in Tag und Nacht
in hell und dunkel
und im Gefunkel
liegt ein Silberstreif
am Horizont
--
es liegt
viel Trauer
tief in mir

der ich versuche
Raum zu lassen
ich möchte
manchmal
richtig hassen
und stöhne
unentwegt
--
da ist
diese Sehnsucht
tief in mir
und ich versuche
nicht hinzuhören
wenn sie
zerstören will
und doch
ich brauche
sie so sehr
--
es liegt die Liebe
tief in mir
und ich versuche
ihr Weite
zu geben
die Harfe

wenn sie die
Saiten verliert
bespanne ich
immer neu
--
es liegt
die Hoffnung
tief in mir
und ruft
ein lautes
JA
damit sie sich
erfüllen kann
braucht sie
ein neues Jahr

Unendlichkeit
dein
X
lässt sich
nicht lösen
du
bist
immer
der
Anfang
von
Endlichkeit
wenn ich
dich finde

Das Chamäleon
dreht
meine Augen
wechseln die Farbe
und suchen
die Sonne
nicht mehr im Blau
versuche zu blinzeln
war da nicht
doch
träume ich mich
weiter nach oben
Flügel sind mir gewachsen
und lassen mich
Wolken simulieren
seufzen
mit dem Wind
ganz
tief
im Meer
schwimmt
zerbröckelter Himmel
so porös
wie Bims
wenn ich
unter ihm tauche
sehe ich Korallen

Ach

sagst du
und lächelst mir zu
so einfach also
bist du zu verstehen

Ja

sag ich
und lache dich an
das bin ich
weil du lesen kannst

Gedanken beim Malen

allein das Blau
mal ich
in vielerlei
Nuancen
Gefühle
machen
ihm Avancen
ich streiche
heut den Himmel an
da wird er aber staunen

Geheimnis

Eine Black Box
ein Sakrament
dem der glaubt
und ein Schatten
hinter dem Mond
scheint er mir
wenn ich versuche
ihn einzukreisen
zwischen die Wolken
zwänge ich ihn
und dich
stell ich
mir vor
für immer
ein Geheimnis
bleib!

Zustandsbeschreibung

Nur weil der Sturm nicht weiß wohin
und Kerzenschatten hüpfen lässt
duckt sich die Weide dort am Fluss
und ächzt in tiefen Tönen

weil der Vulkan nicht ruhen kann
wirft er die Lava meterhoch
der Rauch löst sich in Wolken auf
und zaubert Riesenpilze

die Fahne die nicht wehen will
weil sie im Sturm nur flattern kann
zieht sich ein Kleid aus Fransen an
das macht sie unmanierlich

der Hahn hat mich umsonst geweckt
stolziert mit hochgerecktem Hals
und auf dem Hügel hinterm Haus
da kippen Pampasgräser

Ich
im Spiegel
dem das Bild fehlt
keine Spur
die ich aufgreifen kann
von mir
wenn ich
im Kreis gehe
und warte
dass
mein ich
zurück findet
und meine Spuren
erkennt

Pech

Es war einmal ein altes Lied
das wollte unbedingt so tun
als ob es eine Quelle wär
mit immer frischem Wasser

Doch dieses Lied versiegte schnell
die Töne klangen viel zu hohl
und Wohl und Wehe dicht an dicht
als wären sie Geschwister

Im Sonnenlicht liegt Liebe rum
die tut als wäre sie nicht dumm
sie wartet auf gespieltes Glück
auf das die Vögel pfeifen

Es war und ist ein alter Fluss
der hörte seiner Liebe zu
der Stern am Himmel hat gelacht
und fiel aus allen Wolken

Worte

Es wird besser sein
nichts mehr zu sagen
wenn man
das richtige Wort
nicht finden kann
ist es schwer
sich den Mund zu verbieten
man würde so gerne
das richtige Wort erklären
ohne es zu finden
wird wieder
das Falsche
daraus

mein Mund
soll schweigen
und ich werde ihn
verschließen
damit mir niemand
meine Worte
umdrehen kann

wenn man
sich liebt
versteht man sich
auch ohne Worte

weil man sich vertraut
sucht man gemeinsam
nach richtigen Worten
wenn man etwas Falsches
gesagt hat
wandelt die Liebe
es einfach um

Du bist
so gefühlvoll

    viele Gefühle
    lassen sich leichter
    zerstören
    die Angriffsfläche
    ist größer

intensiver
das Leiden
wenn man
ein Gefühl
dafür
hat

Der Abend schmiegt sich schon ans Haus
und kümmert sich um meinen Stern
wie fern er ist und doch bei mir
und sieht meine Gedanken

auf dunklen Wiesen wiegt sich Gras
im Krug aus Glas enthüllt sich Wein
und legt den Duft auf meinen Mund
und macht mir weiche Lippen

für dich zünd ich die Kerzen an
ich schüttel dir dein Federbett
ich trinke einen Schluck auf dich
und spüre dich im Magen

und später frage ich dich nicht
nach Kratern auf dem alten Mond
und ob sich sein Besuch wohl lohnt
will ich erst morgen wissen

ich will dich küssen wenn du kommst
und schlürfe Wein von deiner Haut
und hör Musik nicht ganz so laut
ich will das Knistern hören

Dem Silberlicht
entnimmt der Fluss
die Kronjuwelen
und glitzernd
thronen sie
auf seinen Falten
so bleibt doch alles
wie es ist
dem alten Meer
setz ich die Krone
später auf

Trostlos

In Strömen fällt der Regen
und sammelt sich in Pfützen
verloren steht er da und starrt

wie lange wird es dauern
es lauern in Gedanken
Spinnen die an Mauern springen

er könnte ihre Sprünge -
doch da hilft auch kein Zählen
und eine Wahl die hat er nicht

in seinem Blick Mimosen
und Schleier die sich halten
weil Tränen unaufhaltsam sind

ein Licht streut ihm von oben
Punkte auf die Dunkelheit
die Hoffnung schreibt in grün vielleicht

Wir damals

Ich bitte dich sagst du und lachst
komm mit mir in die weite Welt

this is not America
singt David Bowie

und ich hör das Horn des Schiffes
durch den Nebel zu uns dringen
meine Augen tragen Kreuze
und mein Himmel färbt sich lila
weil mein Schicksal sich entscheidet
will der Weltraum explodieren

Ich werde heute Blumen kaufen
die stell ich vor dein Bild

Man ist traurig
allgemein
und dazu
ist man allein

Ich bin traurig
und allein
schlimmer kann es
gar nicht sein

ich wollte mit dir in die weite Welt
und Messingtrompeten
sollten erst später
ergriffen klingen

Deine Worte trauern nicht
sie tun sich nur selber leid
--
wenn Melancholie
die Sonne verfinstert
wenn Tränen
dich auflösen wollen
--
Selbstmitleid

Lass mir doch
das satte Grün
tiefe Spuren
wissen bald zu enden
wenn die Nebelbank
die Grenze setzt
und den Bäumen
die Konturen nimmt
Du
stehst noch
in Klarheit da
gebührend
will ich dich
bewundern

Es muss ja nicht
und doch
es wäre einfach
wunderschön

Unter dem Himmel
kehren die Worte zurück
der Schlaf hat sie umfangen
unvergiftet
durch die Liebe
haben sich mir
deine Verse
geträumt

Du bist mir wie ein Frühlingshauch
der Eiskristalle schmelzen kann
leg deinen Arm um mich und dann
vergessen wir die Welt

wenn wir uns in die Augen sehn
dann sinken wir bis auf den Grund
wo unsre Seelenstellen sind
da liegen Silbersterne

ganz sanft berühr ich deinen Mund
und streichle zärtlich dein Gesicht
und Kerzenflackern auf der Haut
du schmeckst wie süßes Gold

Gelbe Spuren
im Zimmer
liegt die Sonne
wie ein Sinnbild
auf dem Boden

Unter der Welt
liegt mein Herz
und wartet
auf die Sonne
dass sie scheint

Heute oder so

da hat der Hahn im Stall gewacht
es rennt die Katze übers Dach
sieht zu dass sie ins Warme kommt
sie schüttelt sich das Nasse ab

der Hund liegt ganz interesselos
und wartet ab was kommen mag
doch wenn ich in das Zimmer komm
springt er vor Freude an mir hoch

es ist ja noch die Winterzeit
die Autoreifen wissen das
geduldig überfahren sie
die Strassen die gefroren sind

ich möchte Eiskristalle sehn
und suche sie auf einem Teich
wenn ich sie in die Hände nehm
beginnen sie zu schmilzen

Romantischer Zwiespalt

Sprichst mir von
Tristan und Isolde
und willst in mir
den Rausch entfachen
ich sage JA
und wär gern
deine Schwester
und liebe Schumann doch so sehr
mit seiner Poesie
in zarten Tönen
doch
du bist genial
und machst mir Rittermärchen wahr
in deiner Sehnsucht
hältst du die Nacht dir
für den Tod
ich möchte nicht Isolde sein
ich wäre lieber Cosima
und hätte niemals dich allein
mein Richard
weil du wie
Tristan bist

Nie könnte ich
den Sand vergessen
den Muschelsaum
am Strandesrand
den Leuchtturm
der mich
sicher machte
auch ohne Licht
in meiner Hand
und in der Ferne
Wetterleuchten
im Dunkel
eine Spur
von dir
und die Erinnerung
trägt Flügel
und unsern Stern
den schickt sie mir

An die Poesie

Lässt mich tun
was mir
entspricht
und umschlingst
mit Liebe mich
machst
verwandt
mir deine Quelle
machst mich tanzen
auf der Welle
trunken
streiche ich die Geige
such im Nebel
klare Sicht
meine
Sehnsucht
nimmst du nicht
lässt sie wachsen
ohne Ende
und ich reiche dir
die Hände
und ich nehm dich
in mir auf

Warten

Die Stadt
schiebt ihr
künstliches Hell
zurück
in die Lichtschalter

die Sonne
gerade angekommen
umspielt sie
den Kirchturm
dass der Hahn
goldener werde

bis zur Turmuhr
ist noch Zeit

es ist diese Ungewissheit
wenn sich die Zeiger
nicht richtig stellen
zum wach werden

deine Rede
die quält
und im Kopf
hängenbleibt

im Herzen schäumt
das Meer meterhoch
und ich suche
dich
ausserhalb
vergeblich

ich
warte noch
auf die Zeiger
im Licht

auf
die Sonne
die
uns erweckt

Lebensarten / Teil 23

Ein baumelndes Spinnennetz
zwischen Schößlingen
der Maulbeerbäume
das Leben
muss sich
in Acht nehmen
dass es sich nicht verfängt
in seidigen Kokons
SchmetterlingsRaupen
sitzen
auf Brennnesseln
aus deren Stängeln
kann man
Stricke knüpfen
Fischernetze auch

Zeit
Adieu zu sagen
wenn das Falsche
zu ausdauernd wird
Sonnensysteme
den Weg nicht mehr finden
der Steinschlag hat
mir
mein Beet
verwüstet
der Sommer
darin
ist unauffindbar
geworden
ich will dir
dein Hemd zerreissen
ein letztes Mal
deine blauen Adern
küssen
mich festsaugen
an deiner Brust
und Sandelholz riechen
dem Wirrwarr
der Gefühle
entkommen
und tief
in mir

will ich
deine Wurzeln
abstechen
und klagen
werde ich
klagen
und
trauern
um dich

Komm zurück
nur wozu
wenn schon die Äste
krank sind
weil die Wurzeln
verdorrten
der Baum
seine Bestimmung
verloren hat
die du ihm geben
wolltest
großspurig
durchschaubar
wässrige Augen
helfen nicht mehr
wenn Winter ist
hängen zerrissene Hemden
auf der Leine
mit Blutspuren
die nicht trocknen
können
weil der Frost
ihnen
immer mehr zusetzt
was bist du mir
gewesen

ein dauernder Zweifel
versteckt
in nassen Kissen
Lenden
die keine Liebe
verbreiten
weil sie nicht wissen
wie man Licht
gebärt
bleiben
gehen
errette mich
vom Glauben
dann kann
ich dich
weiter verfluchen

Geborgen

Im Gegenlicht
stehst du
am Saum der Wellen
wie schnell die Zeit
verging
ich gehe auf dich zu
und du
kommst mir entgegen
gleich wird
der Sturm
sich legen
wie tröstlich
du
mir bist

Unbestimmte Zeit
bleib stehen
wenn ich mich beweine
dich umfangen halte
Seelenschläge
so oder so
wenn sie sich wiegen
oder durstig sind
und blau anlaufen
ich suche
Sprüche
die passen
wenn alles
aus den Fugen gerät
und Totenköpfe tanzen
neben uns
ist schon
Vollendung

Aussicht

und alles
tut mir wieder weh
geheime Tode
ohne Zahl
doch mindestens
milliardenmal
sterbe ich sie
für dich

Wir zogen Kreise
um dich
um mich
immer größer
bis zum
wir
verloren wir uns

Mit Abstand

Eine Traumlandschaft mit Bäumen
der Geruch von Laub und Erde
und die Sonne die den Tag verlässt

eine Gasse voller Leben
Innenhöfe mit Platanen
in der Nähe ein Café das schließt

auf dem Weg ins Labyrinth
mit den Phasen des Vergessens
dehnt die Zeit sich stockend aus

wie ein Zeichen ohne Sinn
wie ein Roboter so kühl
und das Schweigen führt zu nichts

sehe auf gebeugte Nacken
und auf tief gesenkte Köpfe
und die Schultern alle angespannt

etwas weiter vorn ist Leben
hat die Liebe aufgegriffen
wie ein Urlaubstag in Amsterdam

und die Jugend mit viel Zeit
und dem Leichtsinn im Gepäck
schüttelt mir die Hand und lacht

und die Überlegenheit der Jahre
macht sich lächerlich
es gibt sie einfach nicht

Du

unter dem Geheimnisbogen
liegen viele Silbersterne
in der Ferne läuten Glocken
klingen so verheissungsvoll

was ich dir gern sagen möchte
hab ich auf den Stein geschrieben
deine Fragen finden Antwort
wenn du meine Worte liest

unter dem Geheimnisbogen
träumt sich Sehnsucht ihre Wege
strömt sich auf versteckten Pfaden
voller Liebe in dein Herz

Inmitten

Das Wollgras liegt im Dämmerlicht
und meine Träume haften sich
an weiße Wattebällchen

der Himmel scheint ein Bild zu sein
die Wolken hängen abgekämpft
und sind schon eingeschlafen

geblieben ist ein leichter Wind
der die Gedanken schweben lässt
und sie nicht schlaflos macht

seh einen Fluss der küsst das Meer
den Mond liebt er schon immer sehr
lässt ihn nun dirigieren

ich träume dich bis frisches Licht
die Luftgeschöpfe singen lässt
der Morgen wird mir stimmig

Was braucht es mehr
als Stille
und ein Wille
der nicht
versucht
sie zu reimen

Eigentlich
weglassen
auf Tuchfühlung sein
mit sich selbst

Melancholie

da ist nicht mehr der Zweig am Baum
auf dem die Raupe klettern kann
es liegt ein Hauch von Teergeruch
in dieser Morgenluft

da ist noch dieses Schwarz in dir
ich habe mich darin verirrt
ein Sprung ins Licht gelang mir nicht
du warst mir wie ein Grab

ich weiß genau um diesen Wind
der sich in Sturm verwandeln kann
und diese Landkarte aus Licht
passt nur zu einem Himmel

Was sonst

Ich suche den Grund
sagt sie die ich bin
die Hoffnung auf ein Lebenszeichen
zu spät für einen Brief
der nicht nur erzählen kann
und Dinge wachhält
wenn mich
fremde Geschöpfe
aus der Bahn werfen
erwartet mich
nichts
ausser Efeu
das seine Macht
ausspielen will
wenn ich die dicken Wurzeln
beiseite schiebe
staubt es mir
die Lungen voll
das bedenken die Philosophen nicht

Ein Aufschrei
verschluckt sich
im Winterwald
wird ihm die Stimme
klirrend
als wolle sie
die Kälte zelebrieren
dabei
spür ich sie längst

Ich schleife die Erinnerung
hinter mir her
damit sie mir den Kopf
nicht aushöhlt
es wird mir
nicht
gelingen

Gedanken

Belanglose Sätze
gesprochen
wenn
die eigene Sprache
nicht mehr hergibt
keine Synonyme findet
für Liebe
oder
Schrecken
--
der Schauspieler
moduliert
den Text
er weiß
um seine Rolle
--
die Anteilnahme
kann sich
nicht ausdrücken
tonlos
geht es auch
--
es passt
alles
so gut
zum Meer
denke ich
--

und dass ich es spüren muss
und es befragen
und dass es mir antwortet
in klaren Sätzen

wenn ich davor stehe

hebe ich Muscheln auf
und staune

Auf dem Weg

Ein Parfum
duftet zu mir herüber
Blütenblätter liegen an Wegrändern
und verwelken ihre Zartheit
die Klaviersonate von Mozart
Unverständliches liegt in C-Moll
meine Hände können es nicht greifen
meine Seele ist überfordert
--
ich muss etwas Richtiges tun
und fühle Hilflosigkeit
wankende Krähen sind mir nahe
eigenartige Bilder
von außen nach innen
verliebe ich mich
warte
auf ein mächtiges Gefühl
dass die Unverstehbarkeit
verschwindet
wenn das Leben sich
von Fälschung befreit
--

das Leben
zur
Ohne-Mich-Veranstaltung
werden
lassen
und es
als ausreichend
empfinden
--
das müsste doch zu schaffen sein

Wenn der Wind mir Grüße bringt
und die Wellen kräuseln lässt
gibt es jemand der sich sehnt
und in meinem Herzen träumt

und die Sonne trifft im Wald
auf das Weiß der alten Birken
blinzelnd sagt sie guten Morgen
und weckt kleine Vögel auf

und der Mond hat sein Adieu
still und leise wahr gemacht
doch er hat mir fest versprochen
er kommt wieder heute Nacht

Gute Laune

Nur weil die Made einsam ist
und keine Fliege werden will
hat sie die Erde aufgesucht
und wird zur Tönnchenpuppe

Nur weil der Fritz nicht schlafen will
und abends seine Eltern nervt
spielt er bis in die späte Nacht
und schläft im Unterricht

Nur weil du schlechte Laune hast
und keine Bratkartoffeln magst
hab ich mir heut ein Kleid gekauft
das hat ganz viele Knöpfe

Intimität
wie eine Krankheit
schwer betrunken
spricht sie sich aus
Zeit genug
für einen Händedruck
eine famose Geliebte
war sie

Sie schreibt

Das Gesicht in den Resten des
SommerWinds
die modrige Luft
mit den vielen Abschieden
rührte sich nicht
sie sah sein Gesicht
und wusste es würde nie aufhören
alles sinnlos
ihr war nicht zu helfen
sie schrieb Sätze ohne Punkt und Komma
oh ja und ach komm
das Ausrufezeichen fiel ihr nicht ein
sie zählte
die Kippen im Aschenbecher
und nochmal und nochmal
verzählte sie sich
sah sein Gesicht
und wusste
sie würde alles dafür tun
fand das Abschiedswort nicht
schrieb den Titel
mehrfach verkehrt
weil sie nicht wusste
was richtig war

schrieb endlich
nur das Objekt
die Begierde
ohne Subjekt
anonym
gefiel es ihr
besser

Ohne Hoffnung
seh ich die Nacht
in meinem Innern
gestern wusste ich noch
was uns verbindet
heute
suche ich den Schmetterling
nicht mehr
der sitzt auf dem
Steindenkmal
höher

Liebe vs. Zeit

die Zeit
verspottet die
die sich gestern
noch ewig
nannte
indem sie ihr
die Dauer nimmt

Sehnsüchtig
das Blau
das mich umfängt
und ja sag ich
zu sinken
ertrinken
in diesem Blau
und wissen
es zu erspüren

Eindeutige Anträge
blieben nicht aus
das Leben kann schön sein
dachte sie
und beschloss
passiv zu bleiben
aber auf eine beredte Art

Es fühlt sich an
als wäre da
noch etwas
Unbekanntes
ich werde
danach
suchen
--
wenn
JA!

Für was das Versäumte ..

Manchmal
wenn die Wolken
fremde Bilder zeigen
und der Vogel
vor das Fenster fliegt
ist es ihr
als gäb es keine Geigen
weil nur Hohles
in den Lüften liegt
Manchmal
wenn die Bodendielen
quietschen
hört sie ihn
wie er sein
Stöhnen weckt
und wie die Pupillen zittern
sieht sie
wenn er sich versteckt
Manchmal
fragt sie sich
warum denn bleiben
das Versäumte
gurgelt sich im Schlund
sie sieht Bilder
in den Wolken treiben
sie sieht Schiffe
und sie laufen auf den Grund

Abgeflachte Steigung
um mich herum Felder
wie geflochtene Teppiche
in gelb
die Sonne zwischen den Bäumen
ein halb vergessenes Gedicht
die Melodie ist noch da
sieben Töne
die sich in mir vollenden
und die Widersprüche
auflösen
die der Wind in
Stürme gepackt hat

Ruhelos

Den Boden sorgfältig beharken
um später Spuren zu finden
die seine Ordnung stören
und dann nichts
wie verrückt mich das macht
denkt er
als er Angelschnüre spannt
die zumindest den Reiher abhalten sollen
er wird zusehends ruheloser
besieht sich die Umgebung genauer
es fängt ja schon zu Hause an
denkt er
wirft das Familienalbum
an die Wand
was soll ich damit
es deckt sich nichts mit dem was ist
und hebt das Bild auf
das herausgefallen ist
er steht da in kurzen Hosen
mit offenstehendem Mund
es sind die Polypen
befand der Arzt
den man damals befragte
seine Lippen pressen sich zusammen
ich muss darauf achten

nimmt er sich vor
immer den Mund zu verschließen
er trill das Album weg
draußen hat ein Gewitterregen
mögliche Spuren beseitigt
warum denkt er warum
habe ich nicht
die Augen offen gehalten

Der Winter
der nicht enden will
weil mir
mein Liebster
ferne ist
Zugvögel
kehren bald zurück
weil ihre Sehnsucht ruft
in jeder Nacht
träum ich von dir
und sehe dich
in unserm Stern
und wenn der Mond
die Erde küsst
seh ich
die Schatten
weichen
es ist doch
weil ich
dich vermiss
und ohne dich
ganz einsam bin
darum hab ich
ein Bild gemalt
das einen
Frühling zeigt

Abrechnung

zieh ein
rosa Nachthemd an
das nicht
undurchsichtig ist
so ersparst du ihm
die Zeit
es dir auszuziehen

ob der Mond
in lauer Nacht
sein Versprechen
halten will
ist mir mit Verlaub
egal
weil es nebensächlich ist

und ihr lieben Sternelein
hört jetzt bitte
einmal weg
ohne euch
da geht es auch
denn ich seh euch
gar nicht

ob die Wolken
dunkel sind
kann nicht wirklich
wichtig sein
Hauptsache
sie regnen nicht
ich hab keinen Schirm

Zustand

Der Regen hat aufgehört
der Wind
schüttelt die Tropfen
von den Blättern
sie hält sich nur auf
will nicht bleiben
sie weiß
es gibt kein Recht
um ihrer selbst willen
geliebt zu werden
seine Hände drehen
eine Zigarette
als er sie ansteckt
sieht er die Erwartung
in seinen Augen
flackert sie auf

Doch wenn nicht du
dann auch nicht du
und geh doch weg
ich will dich nicht

und du bleib hier
nicht du ja du
dich meine ich
dich möchte ich

und wenn du nicht
dann bleibe doch
ich wart auf dich
ganz lange
schon

Hinter geschlossenen Augen
nicht weinen
in windloser Nacht
lenken keine Geräusche ab
--
ich liebe dich
weil du ein Mensch bist
und ein Probefoto
habe ich von dir gemacht
--
sie küsst das Kissen
weil sie nicht weiß
wohin mit dem Kuss
hinter geschlossenen Augen

Wortfremdheit
macht mir zu schaffen

ein Wort
enthüllt sich
und lässt mich
verstummen

ich hatte es nie
angezweifelt

Genug

Er steht am Rande der Zeit
wie ein alter Planet
der viel zu kahl ist
Leben zu tragen
mit abgewandtem Gesicht
versucht er
sein eingeschnürtes Herz
zu entfesseln
ins Taumeln
soll es geraten
einmal noch
durch Höhen und Tiefen
auf seinen Knien
ihr Brief
er hatte längst aufgehört
sie zu lieben
ich bin nicht krank
sagt er
als sie fragt
ich hab nur aufgehört
zu genügen

Es wird

Es wird alles heimlicher
in der wundersamen Nacht
als die Sonne fast verstohlen
Abschied von dem Himmel nimmt
sind die Bäume nah gerückt
bilden eine kleine Gasse
die zwei Menschen
gut behütet
und in Liebe gehen lässt
kleine Blumen die manch einer
gar nicht zu verstehen weiß
schaun erwartungsvoll zur Seite
nicken sich das Dunkel zu
es wird alles friedlicher
kleine festgezurrte Kähne
schaukeln sich die Wellen sanfter
kleine leichte Windesstößchen
malen Kreise auf den Fluss
es wird alles traulicher
Hände finden zueinander
und befühlen sich mit Sehnsucht
und sie tasten zart an Körpern
die sich liebgeworden sind

Woran denkst du

wenn der Mond
verschwunden ist
und der Weg
dir dunkel scheint
siehst du
über fernen Bäumen
ein ganz andres Licht
es gefällt dir
wenn der Wald
voller Widersprüche ist
ist so einzigartig
wenn der Mond
nicht sichtbar ist
liegt ein Stein
auf meiner Brust
niemand hat bisher gewusst
ihn mir fortzunehmen

Sie machte das
was er von ihr verlangte
und sah ihm beim Wachsen zu
unmerklich hob sich ihre linke
Augenbraue
beim Fixieren seiner Größe
entstand dadurch ein Ungleichgewicht
das Gewachsene drohte
zusammenzufallen

Sie saßen bei offenen Fenstern und hörten
den Schnee von den Bäumen fallen.
Die Motorhaube knackte.
Es passte alles.

Ein Blick
an der Kippe
zum Lachen oder Weinen
doch wie immer
ein ernstes Spiel
mit dem Atem
für kurze Leidenschaft
nach diesem Glas Wein
wird es kein zweites geben

Dein Gesicht dem Winter zugewandt
die Sonne spielt
auf deinen Schulterblättern
liegt mein inniger Blick

Seerose / unter Verwendung des Bildes
von Eike M. Falk

Du bist eine ohne Dornen
dafür liebe ich dich sehr
unter dir
da leben Nornen
wenn ich will
seh ich noch mehr
sehe deine zarten Blüten
Staubgefäße locken an
voller Anmut liegst du vor mir
malst mir was ich fühlen kann
du bist eine
die ist schön
liegst auf deinem grünen Blatt
du ich seh dich lange an
machst mir meine Seele satt

Sie wusste
von dem wirren Kopf
und dass ein Wort sie
in die Tiefe ziehen konnte
also beschloss sie
sich Dada zuzuwenden
hier fiel ihr sofort
der Sendemast ins Auge
etwas weniger radikal
hätte sie es sich
schon gewünscht

Es gibt diese Tage
da wird jedes Lied
ein Freiheitsgesang
knappe Pfiffe
für den Hund gedacht
lassen ihn strammstehen
als kleine Gegenleistung
singt er das nächste Lied
in drei bedeutenden Sprachen
ohne Begleitung
die Hände zu Fäusten geballt
treibt er sich an
Vive la France
gefällt ihr am besten

Wenn die Tage
traurig werden
weil die Sonnenstrahlen fehlen
und der Kopf
sich weigert
einzusehen
wenn das Herz
sich so beschwert
und die Seele
weinen lässt
und der kleine Vogel
keine Lieder weiß
dann versuche doch
ein kleines Licht zu finden
vielleicht
dass es ein wenig
mit dir hoffen kann

Im Vordergrund
da schmiegt die Sonne sich
an altes Laub
mit Leichtigkeit
kann sie die Hecken überspringen
und legt dann ihre ganze Kraft
auf Winterwasser
das Bäume um den großen
See als Spiegel nutzen
es putzen kleine Wölkchen sich heraus
und wollen auch ein Bad im Wasser
nehmen
die Menschen müssen sich darob nicht
grämen
ist erst der Sommer da
dann können sie es auch

Die Häuser eingedunkelt
dein Gesicht
halbseitig
reichen die Konturen

Wenn damals nicht gewesen wär
gäb heute es
kein früher
und wär
der Morgentau nicht da
hätte das Gras noch Durst
und nebenbei
ein dies und das
und zwei mal drei
das ist schon was
und drei hoch zehn
versteh ich nicht
wozu denn auch
ich liebe dich
doch nicht
weil ich gut rechnen kann
sonst hätte ich doch
längst bemerkt
ich habe mich verrechnet

Du
ich möchte
wenn ich warte
an dich denken
die Blumen werden
ihren Duft
mir schenken
und Sehnsucht
wandelt Farben um
und macht mich stumm
vorübergehend nur
es liegen Töne
in dem Wind
der mir die bunten Blätter treibt
und es gibt einen
der mir schreibt
und das bist du
der Wind kneift mir
ein Auge zu
und wandelt seine Töne
mir zu Noten
die stehen jetzt
als Boten neben mir
ich setz mich
ans Klavier
und spiel das Lied
für dich
so zärtlich
klang es lange nicht

Der Park
ohne dein Lächeln
sieht er anders aus

der Fluss
ohne deine Sehnsucht
fließt er gleichgültiger

der Himmel
ohne deine Träume
ist sein blau nur blau

Wenn die Nacht zum Feind wird
denkt er
als er oben
auf der Brücke steht
und sieht die Frau
unter der Brücke gehen
die Brückengeländer
glänzen
metallisch
an seinen Händen
keine
RostSpuren
ob ich
denkt er
ganz bestimmt nicht

Taumel

Eine hauchdünne Verbindung
zwischen den Linien
liegt Einsamkeit
die Verlorenheit
vielleicht in der Fremde
begründet
stimmende Einzelheiten
muss man sich
zugestehen
das dämmrige Halbdunkel
doch wenn die Himmel
aufreissen
wechseln die Farben sich ab
und du
du bist mir nicht gleichgültig
sagt er
und taumelt richtungslos
wie berauscht
ins Rätselhafte

Es ist ja nicht so
dass mir deine Gedanken
nicht imponieren
aber momentan
stehe ich eher
auf imposante
NichtGedanken

Hast du gewusst
dass im Kanal
giftiges Wasser
plätschert
im Winter
macht das nichts
doch im Sommer
wollen sich belaubte
Bäume darin spiegeln
und weißt du
darin sitzen
fröhliche Vögel
ehe sie das giftige Wasser kosten

Was versprichst du dir davon
wenn ich sage
dass ich dich liebe
benimmst du dich
als seist du allein

Stau

Die Nacht
kannte ein
weißt du noch
sie bot die Flucht
vor der Leere
des Zimmers
unausgesprochen
schweigt
der Mund
voller
noch als gestern
um den heissen Brei

sie reibt ihr Gesicht
am Stoff seines Hemdes
er legt seinen Arm um sie

beide wissen um die Wirkung

Der Sternenhimmel
und Sand
vom Meer
geflutet
du weißt
wie er aussieht
dieser Sand
ist nicht
mehr unberührt
und ich wünsche mir
anders zu schreiben
unausgesprochener
geht es doch auch
wäre da nicht
der Sternenhimmel
es sind
aussichtslose Sehnsüchte
hat jemand gesagt
und er wusste nichts
von einer versteckten Botschaft
ich hab dich gesehen
du hast mit dem Hasen gespielt
viel zu früh
hast du ihn gerufen
die frostigen Wege
und die Eispfützen
sagen dir nichts

aber mir umso mehr
im schlierigen Licht
wechseln die Bilder
nur langsam
ich wüsste gerne weniger

aber immer ist da
der Sternenhimmel

Liebe

L eben
i n
e ine
B eachtung
e inwickeln

L achen
i n
e iner
B eziehung
e rhalten

Eine Treppe
mit weißem Flausch
belegte Stufen
ich ziehe meine Schuhe aus
ich möchte nichts
beschmutzen
ich sehe mich
im Zimmer um
da liegen Dinge
die ich kenne
und mittendrin
das große Bett
ist so verspielt
und ist so nett
und alle Sachen
die drauf liegen
könnten mich in
Träume wiegen
beim zweiten Blick
seh ich die andre Seite
da liegt schon jemand
auf dem Kissen
nur wissen tat ich
davon nichts

Böse

ich habe um dich
eine Mauer gezogen
um deine Existenz zu beweisen
und meine Gedanken
die um dich kreisen
legen sich zu dir
wie ein Ring um den Kopf
daneben ein Topf
mit schwarzem Pech
So pass nur auf
und fall mir nicht
in diese kochendheiße Masse
ich hasse es
wenn du mir
Spuren hinterlässt
und umso mehr
wenn sie
wie Teer
so schlecht
entfernbar sind

Wenn der Schatten
verschwinden soll
ändere die Beleuchtung

Ein Rosenstrauch
der Winterblüten treibt
im Garten ein paar alte Bäume
im winterlichen Licht
spiegeln sich Räume
die kommen ohne Träume aus
an Bücherrücken
kleben kleine Haftnotizen
dass wir uns lieben
du und ich
notiert
auf
post-its
wir verlassen
uns darauf

Zustand

Ein Adler im Blindflug
wie ein Irrtum
der sich anmasst
Gesetz zu sein

das Klicken der Kamera
auf off gestellt
gleichgültig
lassen wir geschehen

das kaputte Leuchtschild
macht die Nacht
aussichtslos
es hätte doch

sein Gesicht
ist einfach leer
und
keine Erfahrung

Warten

Der an- und abschwellende Atem
des Windes
das traurige Haus
das verwunderte Mädchen
überquert langsam
die regennasse Straße
der verirrte Vogel
der gegen das Fenster fliegt
es muss doch wenigstens
einen vollkommenen Augenblick geben
denkt er und seilt sich ab
von seiner Schwermut
geht zwischen den Hauswänden
hindurch
und wartet
damit ich da bin
denkt er
wenn er kommt
dieser Augenblick
der aus der Zeit
fallen muss
weil die Realität
keine Vollkommenheit kennt

Es ist nur
weil ich dich vermisse
und ich Angst habe
mit unserer Liebe
durch das Vergessen zu gehen
nur deshalb ist es so

Zur Abwechslung
eine andere Stelle an der Wand
anstarren
dann verteilt sich
die Zeitvergeudung
besser

Noch zu wach
sich schlafen zu legen
die Glocke schlägt scheppernd
und mahnt die Stunden an
ein melancholischer Rhythmus
aus zwölf Schlägen
der angefangene Brief
macht mir Sorgen
ich verstehe es nicht
die Wirklichkeit abzubilden
abgeriebene Radiergummifusseln
ziehen eine Linie
auf meinem Schreibtisch
links dein Bild von mir
meine Augen
wollen es verschieben
doch sie können es nicht aufnehmen
soviel Fremdes dringt schwer
in die Pupillen
es sollte sich besser in mich stürzen
dann könnte ich es nicht abwehren
der Mond verdüstert sich
in seine Vorhöfe legt sich
Undurchsichtigkeit

die Glocke weiß
nur einmal zu schlagen

Nur noch
selbstgedrehte Zigaretten
mit billigem Tabak
das wusste sie
sonst würde man ihr
die Kunst nicht abnehmen
in der heutigen Zeit
sind Zinsen
das Papier nicht wert
auf das man sie schreibt

An den Frühling

der Morgenwind
hebt leicht die Blätter
an den Bäumen
das Lied der Lerche
ist nicht weit
der Frühling lässt
uns Buschwindröschen
träumen
das alte Moos
macht ganz
erwartungsvoll
sich breit

da liegt ein Hoffen
in der Luft
vermischt sich
mit dem Gelb der Sonne
der alten Regentonne
ist das Recht
es meißelt schon
der Specht
man hört ihn klopfen
der Hopfen
windet sich schon bald
am Zaun

es jubiliert
ganz leis in mir
ich rieche
den Magnolienduft
die ganze Luft
vibriert und flirrt
und macht mir
gute Laune
was du
so alles
kannst
ich staune ...

An die Surrealisten

Wie könnt ihr euch freuen
dass es keine Wahrheit gibt
es entfielen euch sonst
die geliebten Symbole
und dass es soviel
Anonymes gibt
das jeder anders deutet
und dass ich halluzinieren kann
sonst könnte ich euch
überhaupt nicht verstehen

Eingespielt

Es ging nicht nach Paris
sie machten vorher halt
es spielte keine Rolle
die Liebe war schon alt

Sie trug kein Charleston Kleid
doch eine Sonnenbrille
und Picknick machten sie
im Tal so voller Stille

Die Nächte waren hell
die Nächte waren lang
sie tanzten Rock 'n' Roll
bis sie um Atem rang

Das Alter macht schläfrig
der Regen macht wacher
sie brauchen Erholung
und fahren ins Sacher

Sie sitzen noch immer
im verschlossenen Haus
denn da kommt nichts weg
da kennt man sich aus

Man könnte noch einmal
die Schneeballschlacht wagen
das wär nicht gesund und
er hat es am Magen

Der Weg

Die Seerosen
die er nie sah
der Teich lag zu versteckt
die Frösche
waren seltsam still
der Himmel war bedeckt
wie immer
der verwunschne Weg
der sich ans Wasser führt
und der Gedanken
treiben lässt
weil man sich
selber spürt
und außen ist da keine Tür
die man verschließen kann
ganz transparent
liegt alles da
wenn man es sehen kann
er geht den Weg
zum erstenmal
ihn lockten nicht die Rosen
er sah nur
Staub und viele Steine
und überall Mimosen
im Kopf
ihr Bild

legt er ins Gras
es wuchert an den Rändern
und zeigt das Wilde
wie es ist
es lässt sich nicht verändern
das Bild
er hebt es wieder auf
es soll ihm nicht versinken
er legt es in sein Herz hinein
da kann es Liebe trinken
die Frösche hat er aufgeweckt
sie geben ein Konzert
der Himmel ist nicht mehr bedeckt
er hat sich aufgeklärt
der Teich liegt voller Rosen da
er kann sie alle sehen
die ganze Luft um ihn so klar
ein einziges Verstehen
In dich
hineingegangen
wie in eine offene Geschichte
es gab vieles zu sehen
nur nicht dich

Es ist soweit

Ab heute mach ich gar nichts mehr
ich zähle nur noch Teppichflusen
und schmuse nur mit meinem Hund
der ist ganz kunterbunt und weich

Ich schnipse mir die Zettel weg
und leg die Beine auf den Tisch
und wenn die Fische fliegen wollen
dann sollen sie es tun

Die Wolken sind beleidigt nun
ich wollte doch mit ihnen spielen
die Sonne schaut ganz vorwurfsvoll
das stört mich aber nicht

Ich stricke mir ein Trampolin
und häkle Mausezähnchen drum
und weil ich gar nicht stricken kann
ersticke ich am Lachen

Wie ein Seismograph
so empfindlich
bist du
wenn ich --

wie ein Seismograph
so empfindlich
bin ich
wenn du --

balancieren
inmitten von
Zerbrechendem
das
Gleichgewicht halten
für uns

Lange
die richtige
Formulierung gesucht
dabei
war sie längst da
sie ist mir
zum Schluss
einfach
herausgerutscht

da war es gesagt

Fragen

Es sind die Fragen
die man stellt
die Sehnsucht
die verletzlich macht
und Leidenschaft
die Grenzen überschreitet
sind die Gespenster
in der Nacht
die tummeln sich
in meinem Kopf
verschieben dich
und deine Farben
schreien grell
da ist nichts
Tröstliches
in mir
weil alles
ungesichert ist
und diese Fragen
stellen dich
und mich
in Frage

Es gibt dich
weil du
nah genug
auch
in der Ferne
bist du
hier

Habituation

beim Versuch
die ganze Welt
zu lieben
ist mir die Liebe
Gewöhnung
geworden

beim Versuch
dich zu lieben
war das
ein Nachteil

Ein Bilderbuch-Gedicht

Ich male dir ein Zauberbild
darauf siehst du den Bösewicht
und weißt du was er von dir will
er möchte dich in Cola baden

er nimmt die Mütze von dem Kopf
und schüttet was in einen Topf
das sieht mir stark nach Cola aus
ruft da der kleine Jan

denn der ist schlau genau wie du
und stellt den Topf schnell auf den Herd
da stinkt es gleich ganz fürchterlich
wie Cola wenn sie kocht

ihr haltet euch die Nasen zu
und du reisst schnell das Fenster auf
denn wehe wenn es überkocht
dann hilft nur Zauberei

der Bösewicht ist wirklich dumm
denn du sagst einen Zauberspruch
da läuft die Cola aus dem Topf
und fliegt durch's offne Fenster

der Bösewicht ist rot vor Wut
und springt der braunen Cola nach
und weil er sie nicht fassen kann
fällt er in sie hinein

Haha lacht ihr und seid so cool
und Jan nimmt sich den Topf vom Herd
und setzt ihn sich auf seinen Kopf
und du kannst auf ihm trommeln

An dich

Du sitzt nicht im Hortus conclusus
du sitzt im Paradiesgärtlein
da gibt es den Baum des Lebens
und den Baum der Erkenntnis
ich weiß
dass mit dir
gut
Kirschen essen ist
der Schattenriss
des halben Mondes
auf der Vitrine
in Staub geschrieben
ich liebe dich

Kein Zufall
der zur Hilfe kommt
wenn seine Gegenwart
zu eindringlich wird
und sie anfängt
sich zu fürchten
vor seinem Geruch
dass ihre Hand
die abwehrende Geste
nicht halten kann
an Grabsprüche denkt sie
und Billardkugeln
wie sie klicken
und klicken
wie sie fallen
ins Loch

Ein neuer Tag

Es beginnt die Sonne
den Tag zu erhellen
ein leuchtendes
tröstliches Rund
in der Ferne
sieht man schon
Bilder des Frühlings
der Park färbt sich
langsam bunt
ich mach dich passend
für dieses Bild
und mal dich mit hinein
am besten leg ich dich
neben die Sonne
da fangen die Strahlen
dich ein
es sitzt ein alter Mann
am Fluss
der streicht sich
seinen Bart zurecht
und schmunzelt leise
vor sich hin
weil Sonnenstrahlen
blinzeln

Überlebt

wenn die Sirenen heulen
duckt sich seine Seele
und legt sich flach
gräbt sich ihr Loch
und wartet
auf den Feind

damals im Schützengraben
heute
wieder und wieder

Verkehrt

Wenn sein Charme mal Pause hat
läuft er immer auf den Händen
ihre Augen sind wie Spiegel
die ihn wieder richtig stellen

und auf den gewellten Dächern
sieht er schwarze Katzen schleichen
weichen müssen sie vor Hitze
wenn der Teer sich flüssig macht

nimm dir doch die Schlafende
denn sie kann nicht fliehen
lass den Mond ironisch werden
und die Sterne ziehen

wenn der rote Morgen kommt
und die Nacht vergessen will
platzt sein Charme aus allen Nähten
er tut was sie will

Oben

Sie stand im Sog
des Freundlichen
mit aller Leichtigkeit
auf silbernem Tablett
serviert
man Oberflächkeit
sie spürt den Duft
der weiten Welt
er fliesst sich ein
in Seide
die Damenwelt
wie mariniert
glänzt sie
im engen Kleide
die Masken
schienen etwas brüchig
es war schon Mitternacht
die Unterhaltung
plätscherte
nicht ganz so wie gedacht
die Müdigkeit
erfasste sie
und lauerte im Spiegel
er machte ihr die Falten tief
und sie fand nicht den Riegel
trat einen Schritt zurück und sah
das Kerzenlicht
war auch noch da

In Liebe baden
bis sie
überfliesst

Meine Augen
trinken dich auf
meine Sehnsucht
stellt dich später
wieder her

Übermut

Der Himmel über dem Meer so hell
die Sonne hat sich versucht
sie hat den Rücken mir getrocknet
der Herr neben mir ist betucht

die vielen Liegen wechseln sich ab
mit Körben darin windet's nicht
in einem von ihnen Frau Ilsebill
die will nicht so wie ihr Wicht

die Fische schaukeln ihre Glieder
und biegen sich und brechen nicht
nur wenn das Wasser trübe ist
wird ihnen manchmal schlecht

der Fischer ist nicht gutgelaunt
obwohl er einen Prinz befreit
ruft seine Frau vermaledeit
und wäre gerne Gott

jetzt ist der Himmel nicht mehr hell
der Wettergott fängt an zu grollen
ich werde mal zufrieden sein
und trolle mich nach Haus

Rückkehr

Mit blühenden Zweigen kommst du nach
Hause
erzählst mir von Wiesen in sattestem Grün
Es weicht mir der Schmerz vom zitternden
Herzen
die Wolken voll Regen ich lasse sie zieh'n

Saphirblaues Wasser sei du mir mein
Spiegel
du treibst mir im Bächlein das lang ich
vermisst
ich höre dein Plätschern in Höhlen aus
Felsen
da klingt es und jubelt's wie schön es doch
ist

Bei dir
finde ich Worte
die ich
verlieren kann

Glaube dir
besser nicht
du hast
dich
so oft schon
versprochen

Hoffnung

Wenn der Wind die Blütenträume knickt
sich der Winter wie ein Kauz benimmt
bis zum Horizont sieht man die Wehmut
schleichen
und die Nacht die helle Stunden nimmt

Wenn der Nebel uns die Hände halten
lässt
weil wir ohne Nähe wie verloren sind
sagst du leise dass für uns die Sonne
scheint
und dass Träume so unendlich sind

Da war kein Geheimnis
sie suchte vergebens
es lag alles klar
nicht verschleiert vor ihr

Es war dieses Suchen
nach anderen Regeln
es half kein Gedanke
an Irrtümlichkeit

Es blieb nur die Luft
sie stand zwischen den Wänden
und löste sich auf
als das Suchen verschwand

Mit leerem Kopf
schläft es sich gut
man läuft damit
so leicht am Himmel

Das Schweigen
spielt sich in den Mittelpunkt
als das Reden
die Maske verliert

Wie immer

was mein Interesse weckt
hält sich versteckt
die angelehnte Tür
lockt mich hinein
und stellt mich
vor die Türe
ohne Nummernschild
und dieses Bild
reizt mich so sehr
Du
flüsterst mir
Sätze in den Nacken
und ich wünsche mir
den vollkommenen Augenblick
ein langsamer Fall
der in die Zeit sinkt
wie ein segelndes Blatt
wie der Ton
sich in Weiten
verliert
--
der Himmel
in der Pfütze
und Papierschiffchen
die darin schwimmen
--

die Dämmerung
brütet
Variationen
aus

Nähe

wie Vögelchen
im selben Nest
die eng sich
aneinanderkauern
wie Schneeflöckchen
die unsre Haut
vorsichtig inspizieren
wie Nachtluft
die den heißen Atem
bis in den Himmel
steigen lässt
es gibt
keine Verlegenheit
die uns
befangen macht

Deine Berührung
tastet
mich ab
legt sich
sacht
in meine Seele
vibriert
wie Musik
macht
meine Kehle
zärtlich weich
ich bade dich
in meinem Mund
und schmecke dich
mit Honig ab
wie süßer Wein
berauscht du mich
in deine Küsse
falle ich
versinke tief in dir

Eigen sein

Stromlinienförmig
bist du
nicht
du folgst nur
der Linie
die deine ist
du bist dir treu
der Zeitgeist
lauert schon
um dich
zu kritisieren
ich mach dich
neu
ruft er
und legt schon
seine Zwänge aus
in deinem Haus
bleibt
alles wie es ist
denn deine Linie
folgt eigenen Gesetzen
die nicht verletzen
sie bauen
deine LebensStröme
weiter aus

Für einen besonderen Menschen

Du farbenfrohes Kind
in dir ist alles
was ich suche
die vielen Kästchen
mit den HerzensWohltuSteinchen
hab ich mir heimlich
durchgeschüttelt
und neu positioniert
eins hier eins da
wie memory
sollst du mir sein
das Kästchen mit
den schönsten Steinen
das pack ich mir
in Rauschgold ein
dann wird es üppiger
ich leg mich mit hinein
und bin ganz still in dir
ich hör dir zu
wenn du
in deinen Farben sprichst
und nichts ist schöner
als in dir zu träumen

Liebster
dich
will ich
nicht abstrahieren
du bist mir
kein
Zeichen

Das traurige Ende der Glocke

Die Engel hingen an dem Mond
und hielten sich an Kratern fest
ein erzern Engel rutschte ab
und landete im Wasser

Ein andrer sah ihm hinterher
und schickte ihm den letzten Gruß
weil er den Angelus läuten muss
flog er zu einer Glocke

Oh heil'ger BimBam steh ihm bei
die Glocke bimmelt voller Trauer
doch nicht sehr lang
der Klöppel flog
zerschellte klirrend
an der Mauer

Für Addi   /   der nicht mehr ist ...

Dass du mir wieder in den Kopf
gekommen bist
und tust als seist du niemals fort gewesen
dich mit drei Worten beschreiben
geht nicht du schillerndes Wesen

und dass du immer noch verschmitzt sein
kannst
bin ganz verblüfft du lächelst mir so nah
und wunderbar find ich dich nicht
du weisst warum weil ich dich mag und ja

wärst du jetzt hier ich würde dich
umarmen
ich würd dich an mich drücken
und du gibst langsam nach
und unsre Augen würden feucht und
hinterm Rücken

kreuzt du die Finger und erzählst mir
Anekdoten
die Quoten haben nicht gestimmt bei dir
Ich hab dir nie auf die Schulter geklopft
hab dich gemocht und du wusstest davon

Wenn ich mit dir
ja was weiß ich
und wenn ich nicht
was wäre dann
ich säße weiter
wie zuvor
und nicht mehr
hinterm Ofenrohr
denn hier
gibt es gar keins

Deine Hände
wie sie graben
unter meiner Oberfläche
spür ich ihr
Streicheln

Luino / Lago Maggiore

Dein Kinderbild
du warst gerade zehn
ist richtig fleckig
und zerknittert
und doch schön
dein Mund
der sicher sich
noch heute
so verziehen kann
und deine Augen
lachen trotz
der roten Äderchen
und FaltenSeiten
ganz bestimmt
wie früher
Ich schreib dir einen Brief
erzähl darin
von unsrer Nacht
Luino
weisst du noch
und auf dem Markt
da gab es sogar Porzellan
ich hab den Schwan nicht mehr
hab ihn dir hinterhergeworfen

du kennst ja meine Wut
doch diese Nacht
war wunderbar und gut
vielleicht lag es am Lago
der so romantisch war
und du hast mir
ganz leise vorgesungen
von Capri Fischern
ausgerechnet
muss heute lachen
wenn ich daran denke
du
weisst du was
ich schenk mir diesen Brief
stattdessen komm ich später
dich besuchen
und Erdbeerkuchen
bring ich mit

Gute Laune / Teil 57

Der Kuckuck
übt sein
Mimikry
tut so
als ob er
Sperber wär
verschluckt sich
beinah schon
beim
kuck
weil ihn der Schluckauf
plagt
die Sonne
spielt
den ganzen Tag
und hängt sich
tausend Farben um
und alle Menschen
laufen rum
als wär der Sommer
ausgebrochen
hab dir versprochen
in den Wald zu gehen
du willst den Kuckuck sehen
und mich wohl auch

Es ist anders
du hast
mich verletzt
nicht nur die Etikette

Dein Gesicht
im Regen
laufen dir
Bäche darüber
ich leg meinen
Finger auf deinen Mund
das Wasser
ändert die Richtung

Leg es in Tränen
denke ich
und hätte fast
doch dann klingelt
das Telefon
ich nehm den Hörer ab
und warte
auf den nächsten Anruf
und wenn er kommt
nehm ich den Hörer ab
es läutet schon

alles
was du
noch nicht
wusstest von dir
das lehrt
dich
die Liebe

Vor der Fassade
da liegt etwas
wie weggeschnittenes
Filmmaterial
hinter den Türen
ist nichts
komm sagt er
und nimmt deinen Arm
drängt dich
dein Versprechen
einzulösen
als seist du
nicht da

An der Fähre

der Fährmann
hat mir zugenickt
er nimmt mich
später mit
sagt er
ich streif
dem Winter
Raureif ab
er hatte sich
auf's Gras gelegt
und tut
als ob ihn nichts bewegt
wenn ich ihm Wärme gebe
ich greif dem Baum in sein Geäst
und seh mir Weidenkätzchen an
die wirken irgendwie verfroren
wie meine Ohren
den Fluss scheint nichts
zu interessieren
er hat sich Gleichmut angezogen
lässt seine Wellen
einfach Wellen sein
und mir fällt ein
ich lass mich auch so
wie ich bin

und fühl mich
richtig wohl dabei
die Fähre kommt
zur rechten Zeit
obwohl sie keinen Fahrplan hat
und keine Waben in den Netzen
der Fährmann
kennt mich lange schon
obwohl wir uns
ganz blind verstehn
will er mich ständig
übersetzen

Wie kann es sein
dass du mich nie
auch gestern nicht
ich habe so gebangt
doch nicht
allein um dich
um mich
war's auch geschehen

Monotonie

Regentropfen bündeln sich
ohne Ende
ticken Uhren
und der Himmel
trägt sein Grau
verschwommen
--
so beklommen ist mir heut
aufgeschreckter Vogelschwarm
der aus schwarzen Pfützen springt
keiner ist dabei der singt
alles wirkt erschöpft
--
wenn es aufhört
denke ich
geh ich fort
dann weine ich
und mein Blick
sucht in der Ferne
einen Rettungsanker
--
deinen Namen schnitze ich
in den Baumstumpf
vor der Bar
innendrin wälzt sich der Blues
und da isst man Pasta

Am Fluss / 5.2015

Sie packten den Korb aus
entkorkten den Champagner
endlich ihr Fluss

die Schreie der Möwen
so nah
die Schafherde
die vorbei zog
passte gut ins Bild
die Kieselsteine
voller
SonnenHitze

dann sagte er
ich liebe dich

die Schreie der Möwen
klangen
gedämpft
wie durch Watte

Niemand da

ein Vorhang aus Sternen
sie denkt über
phantastische Welten nach
bald schwirrt ihr der Kopf
sie setzt sich in den Schneidersitz

wenn der Stern fällt
denkt sie sich
und sie dehnt sich
zielgenauer
fällt er mir
in meinen Schoß
doch was
mach ich mit ihm bloß
vielleicht würd er mich
erschlagen
und sie spürt es schon
im Magen
dieses ungute Gefühl

und überhaupt
mir wird es kühl
denkt sie
und klopft sich ab
das war ja knapp
denkt sie
und steht schnell auf

Eine Schachtel voll Pralinen
und Rosen im Vorgarten
die Sonne
ausgeschlossen
weil Fenster und Türen
dicht schließen
nichts
lenkt ab

diesmal
war eine Wiederholung
geplant

wenn es nichts mehr zu analysieren gibt
könnten wir uns dann
endlich lieben?

Wenn deine Wärme
sich in meiner Haut
wohlfühlt
und meine Lust
genau
weiß
wem sie gehört
du
das ist schön

Wer
wenn nicht
du

jeder
der
anders ist

Abschied

mein Lachen
in die Luft geworfen
ich hol es mir zurück
wenn ich geh
und meine Uhr
stell ich wieder richtig ein
hatte sie
immer vorgestellt
vor lauter
Sehnsucht

Wie wunderbar es klingt
und so poetisch
wenn unsre Worte
die wir sprechen müssten
die Nachtigall uns singt

Mir ist
obwohl die Nachtigall
ich mag
und auch die Lerche
unbedingt
ein Satz von dir
aus deinem Munde
lieber
und wenn er singt

Wieviel muss ich riskieren
und ob mich wohl mein Mut verlässt
doch wenn ich's nicht riskiere
hat mich mein Mut schon verlassen

Nacht
schwarzgrau
ein wenig blau
im adrigen Laub
der Bäume
an denen Träume
tiefer hängen können
seine Hände
an ihrem Gesicht
und das zitternde Spiel
der schwarzgrauen Blätter

Gedanken
und ich werd
nicht klug
---
ich leg dich schnell
wohin denn nur
am besten nicht
in meine Spur
sonst rutsche ich
womöglich aus
---
das Haus vom Nikolaus
mal ich
in einem Zug

Beklemmend

Der Raum atmet sich fremder
als sonst
es ist diese stickige Luft
sie lässt mich
den Hinterhalt im Kopf
nicht finden
wenn ich dann taumle
nur Zweideutigkeit sehe
und meine Gewissheit
wie sie weiter schwindet
ein Schnitt
in die Netzhaut
wie Folter

Das
Menschsein
verkümmert
es duckt sich
hinter Rollläden
und schnappt
nach Luft

Draussen haben Kinder mit Kreide gemalt
einen Baum
um den sich Arme schlingen
und Menschen
die vor Freude singen
und über eine Mauer steigen
und ganz weit hinten
steht ein Zug
der fährt mit ihnen durch den Tag
ich hab genauestens geschaut
da war nur Tag und Sonnenschein
von einer Nacht
gab's keine Spur
ich sag's ja nur
nicht dass du
Silbersterne suchst

Ein fedrig zerrupfter Himmel
zwischendrin ein Blau
Gedanken
die auf der Stelle treten
weil ihnen Einzelheiten fehlen
war da mehr Süße
oder mehr Traurigkeit
Dich versteck ich
in einem Gedicht
dann hab ich dich bei mir
wann immer ich will
und wenn meine Sehnsucht
zu dunkelblau wird
dann les ich mir
dich
einfach vor

Dein Atem
sinkt auf meine Haut
und macht
ein Traumgespinst
aus ihr
und webt
das Glück
in hochgestellte Härchen

Der Schattenriss
der alten Weide
liegt auf den
weissen
Kieselsteinen
wenn ich mich
in den Schatten setze
und fühle
wie der Weidenwind
sein kühles Zittern
auf mich legt
dann ist es mir
als griffen
graue Töne
an mein Herz
und wollen Schmerzen
mir bereiten
vor langer Zeit
da war die Weide
noch ganz klein
ich passte nicht
in ihren Schatten
und auch der Wind
fühlte sich
anders an

Verliebt

ich konnte
vor lauter Aufregung
kaum sprechen
doch
mit den Augenlidern
hast du
JA
gesagt

Ein Gruselgedicht für Kinder

Im großen Haus
jenseits der Gleise
da wird der Schlüssel leise
rumgedreht
wie spät mag es wohl sein
und ob denn alle Kinderlein

im großen Haus
jenseits der Gleise
da turnen Spinnen
in den Ecken
es wurde lange nicht gekehrt
verstecken das geht gut darin

im großen Haus
jenseits der Gleise
gibt es Geheimniskrämerei
da liegen Briefe
die sind angekokelt
und Klötze die an Ketten hängen

im großen Haus
jenseits der Gleise
wollen Entdeckungen ans Licht
da weiss man nicht
ob dieser unscheinbare Wicht
ein Massenmörder ist

Manchmal kommt man sich nicht
hinterher
man dreht sich rum
und ruft sich
doch da ist jemand
der ruft
viel lauter

Auf dem Wasserspiegel
liegen zerstückelte Fassaden
von der Brücke
in sie springen
dabei das rote Licht treffen

unter den Bruch
tauchen
nachsehen
ob da ein anderes Leben ist
zwei Hälften
die zusammen passen

der Wasserspiegel zittert
das Zerstückelte
verliert sich in Wellen
das rote Licht
zerfliesst

Wozu

sucht die Antwort
schreit sich heraus
wie ein Raubtier
das sich befreit
aus zu engem Käfig

der Blick
mag irren
in Gegenwart
und Vergangenheit
doch
immer ist es die eigene Zeit
die so
verdorben riecht

Besuch meiner Heimatstadt

Da war
nur die Weite
der Kanäle
trotz ihrer engen Betten
und der Fluss
der mir die Kindheit
aufbewahrt
meine Heimatstadt
du ziehst mich
immer noch so an
und tust
als wäre ich nie
fortgewesen
und dieser Schmerz
in mir
lässt sich nicht orten
vielleicht
ist er ein andres Wort
für Glück

Viele Eindrücke
manche flüchtig
andere tief
vielleicht auch
wichtig

wer weiß schon vorher
wie er verbindet
was er findet

aus der Distanz
wirkt mancher Tanz
wie ein Gestampfe

Rhythmusmaschinen

Dieses Dienen
kroch
auf dem Boden

Bedienung
ruft
einer

doch

zu viele Götzen
verderben
Bereitschaft

Die Nacht
hat sich
nicht verbessert
das Erwachen
bringt
das
Jetzt

Nein
sagte sie
ich bin nicht süß
bin auch nicht traurig
nur versponnen
die Abendluft
will langsam kommen
weht weissen Phlox
und Malvenduft
sie überwindet
jede Kluft
macht weisse Flecken
bunt
die Liebe
wieder rund
die Nacht
macht eine Reise
spielt die Musik
auf ihre Weise
ganz leise
summen
wir sie mit
die Lieder
die in Bäumen
wohnen
neben der Nachtigall

Dein Bild
es kann mir
nicht entgleiten
ich hab es mir
in Glas gerahmt
und wenn genügend Staub
drauf liegt
kann ich dich
auch
beschreiben

Weisst du
ich dreh es einfach um
die Spucke sabbert sich
im Mund
da ist kein Grund
sie auszuspucken
und wenn die Sonne lacht
will sie dich nur verbrennen
geh nah genug heran
du fühlst es dann
und so erbärmlich
wie es ist
erzähl ich dir
die Welt
sie wird sich
weiterdrehen
und zu verstehen
gibt es nichts
wozu denn auch
und zwischendurch
erzähl ich dir
die schönsten Märchen
ich werd sie dreschen
und sie biegen
bis abgedroschen sie
am Boden liegen

die Dornen
stechen
dir ins Blut
es tut doch gut
sagst du
wenn man sich wieder spürt
und streichelst
oberflächlich
rote Rosen
zupfst
ihre Blütenblätter ab
und oben auf dem Dach
da sehen
Raben zu

Sollten wir nicht
über Cumuluswolken reden
oder treibenden ZephyrWind
könnten wir doch
über uns reden
sag ich mal so

Wie war die Ankunft
frag ich mich
und weite Felder
tauchen auf
sie waren unbestellt
und warteten auf mich
wie war der Abschied
frag ich mich
gemähte Felder
tauchen auf
und alles
was einst fruchtbar war
liegt unter ihnen
und das Dazwischen
frag ich mich
und sehe die Vergeblichkeit
sie tut vertraut
und lacht mich aus

hinter geschlossenen Vorhängen
ist viel los
da finden sich Bilder
die können flirren
und wenn sie anfangen
zu klirren
dann irre ich mich bloß

die Straße steigt an
in das Blau des Himmels
die Bäume bilden
eine Allee
wie schön es wäre
denke ich
und mach mich auf den Weg

Ach, so ...

Ich glaube
an dich
nicht
ich glaube
an dich nicht

Die Oberfläche ist nicht oberflächlich
wenn eine Wahrheit
darin liegt
doch auch

Dich
betrachtet
im zartgelben Schein
den weissen Schwan gesucht
wieviele Facetten
dich spiegeln
von aussen
läuft alles
auf dich zu
eingeschlossene
Stille
wie ein Phantom
aus Quarz
mit innenliegenden
Schemen
die schweben
verkehrt
herum
in meinem Kopf
balancieren
Seiltänzer
immer kurz
vor dem Absturz
finden sie Halt

Deine Umarmung
macht
Gucklöcher
in meine Traurigkeit

In mir gelesen

Grade einmal nachgeschaut
Seite hundertzehn
wusste nicht mehr so Bescheid
wohin soll ich gehn
hab wie wild in mir geblättert
ganz zerknittert seh ich aus
hab versucht mich glattzustreichen
nahm den Überschwang heraus
sind so viele tausend Zeilen
alle laden zum Verweilen
hab ein Eselsohr geknickt
und mir selber zugenickt
Seite hundertzehn
da hab ich dich gesehn

Endlich Sonne

aus den Wolken
blinzelt Sonne
Gänseblümchen
sind verwirrt
wer hat sich denn da verirrt
streichelt unsre Köpfchen
auch die Tulpen
freuen sich
öffnen sich ein wenig
und der Frosch
in seinem Teich
fühlt sich wie ein König

Du

deine Augen
über dem Brillenrand
und keine Lupe
unter die du mich legst

Du

wie etwas
aus dem Himmel
Gefallenes
liegst du vor mir
und malst mir Muster
in meine Zeit

Osterhimmel und mein Hund
ach nein
was soll das sein
der Himmel
weiß wohl nicht
wozu er da ist
er musste
ja nicht übertreiben
doch grau in grau
zu bleiben
steht ihm nicht zu
denk ich
mein Hund
scheint gar nicht
interessiert
ihm ist das Graue einerlei
wenn es pressiert
hebt er sein Bein
wie gestern auch
leert wenig später
seinen Bauch
und schnüffelt
auf dem Boden

Die Sonne hat Felsen gefärbt
und das Meer
streift
seine Reglosigkeit
vorsichtig ab
kein Abschied mehr
in der Luft
ein Ankommen
ist da
ein neues Echo
das keine Silben verschluckt

vor einem offenen Horizont

Die steile Treppe
macht mich atemlos
was mach ich bloß
wenn die Hortensien
die Farbe wechseln
und die Erinnerung
mir Streiche spielt
und ganz gezielt
mir Fragen stellt
was mach ich dann
und auch mit dir

Wesentlich

zu viele Bilder lenken ab
das Wesentliche
liegt ganz schlicht
benötigt
keinen Wörterglanz
denn die Substanz
genügt sich ganz
sie ist sich selbst genug
im Innern unbeschreiblich
es ist sehr klug
den Geist zu seh'n
erst dann
die Attribute

Die Erfahrung
will sich
in die Nesseln setzen
sie möchte sich
unbedingt
spüren

Der Traum
hat sich ins Licht gestreut
im dünnen Gras
zwischen sprechenden Steinen
verstummen
irrende Stimmen
ein
aufgelöstes
Kachelmuster
beflügelt meine
Phantasie

Frühling - Danach

Im Sommer wird er ihr Kornblumen
schenken
da vergisst sie die gelben Narzissen des
Frühlings
in Feldern aus Gold leuchtet Blau so
verheißungsvoll

sanft in Sonnenstrahlen wird er sie betten
an sprudelnden Quellen den Krug ihr
füllen
beider Lippen spüren das Rote des Mohns

ihre Augen baden in Edelsteinen
Melodien vibrieren im Schatten der
Weiden
alles Verlangen legt sich in
Sommerhimmel

Dein Bild
bemalt mit Wegen
in farbiger Landschaft
wie eine Landkarte
eine Hoffnung
auf Papier
unten rechts
dein Name

Hin- und hergehen
bis der Morgen
mir das Zaudern nimmt
bis das Herz
wieder da schlägt
wo es soll

Ein Schatten
bringt dich her zu mir
der sich verändert
in der Sonne
die Dinge lässt er liegen
wie sie sind
du fragst mich oft
nach meinem Ich
und deutest meine Zeilen
als hätte ich
mein Sein versteckt
in Felsen
die man sprengen muss
dabei sagst du
mir immerzu
du willst mich
nicht zerbrechen

Unsicherheit

Im GewohnheitsNetz träumen
wie immer

wie immer
sage ich mir
und spüre
wie ich den Halt verlier
unebener Boden
lässt mich schwanken
Gedanken
jagen hin und her
tun
als ob noch
gestern wär

dabei

Giftmischer

Sie hat dem wilden Rittersporn
vor Jahren heisse Lieb geschwor'n
und hat ihm dann zu guter Letzt
noch etwas in sein Beet gesetzt
damit er düngen konnte
sie nimmt das ausgezog'ne Gras
und legt es auf den Haufen
und ruft dem Rittersporne zu
er soll sich nicht verlaufen
wenn er mit seinem schönen Blau
dem Himmel konkurrieren will
der Rittersporn verhält sich still
und heimlich macht er Pläne
wenn sie mir einmal nicht mehr gut
nehm ich den Roten Fingerhut
und misch ihr ein paar Blättchen
mit Bienenhonig süß und fein
dann wird es ihr nicht bitter sein
und misch noch netterweise mich
mit ein paar Samen ein

Mit sich

unter blühenden Zweigen
die Tage verkehrt herum träumen
für eine kleine Weile
in goldener Trunkenheit liegen
Fast wäre es eingeschlafen
dieses unbeschreibliche Gefühl
da kommt mit ganz viel Sonnenschein
und zartes Grün ist auch dabei
ein kleiner Vogel angeflogen
er setzt sich schelmisch
vor mich hin
und legt sein Köpfchen schief
und flötet dann
mal hoch mal tief
und zwischendurch
stiftet er andre Vögel an
ihr Lied zu singen
Der Veilchenduft
schwebt in der Luft
in Dur und Moll
versprüht sich
seine Süße
und du bist endlich wieder da
du unbeschreibliches Gefühl
sitzt mitten im Gewühl der Seele
die Wolken hast du aus dem Fluss gezogen
wenn ich hineinschau' seh ich alles blau in
blau

Ein Steinerweicher
bist du
einer der Tunnel im Sand baut
die nicht einstürzen
wenn unsere Hände sich zueinander
gegraben haben
im prasselnden Regen
erzählst du mir
von ausgetrockneten Planeten
und leeren Insektenhüllen
schenkst mir
Kompositionen
die man auf Blechdosen spielt
damit sagst du
damit kann man
Landschaften entstehen lassen
und Orkane
heulen auf
wenn Vulkane tätig werden
bleib ruhig
sagst du dann
und lässt
auf Findlingen
Wildrosen wachsen

Die Wellenstriche
des Impressionismus
streichen
den Himmel wolkenlos
aussehen lassen

dann kommst du

nimmst mir die Illusion
der Naivität
zeigst mir
prachtvolle SternenHimmel
blühende Seerosen liegen
in Mosaiken aus Farben
auf träumenden Teichen

wenn es so wäre wie es ist
dann müsste ich
verflixt noch mal
ganz anders reagieren
doch weil es so
ja gar nicht ist
und ich nur viel
Gespenster seh
mach ich beruhigt weiter

Sprich mir nicht von den Inseln
wir wissen doch wie schön sie sind
dass man sich da liebkosen kann
im Nebel und im Wind
und Fähren die nicht pünktlich sind
wir beide damals
weißt du noch
wir wollten einfach
weiter weg
und wussten nicht
dass auch das Meer
ganz bitter schmecken kann
dort hab ich den frierenden Mond
entdeckt
den halt ich heute noch versteckt vor dir
damit du mir nur nicht erfrierst
und dir kein Beispiel an ihm nehmen
kannst
ich bitte dich
von schönen Inseln
sprich mir nicht
die gibt es
doch sie tun mir weh
so ohne uns

Als wehte
ein Sommerabendwind
in den Schleierarmen
der Weide
versteckt sich
der blinzelnde Mond
und küsst dir
kleine Schimmer ins Gesicht

Meer
dein Blau bis zur Sonne
du leuchtest so schön
in zitternden Wellen
liegt ahnende Liebe

Ohne dich

die Stille dehnen
ihr alles entnehmen
was nötig ist
sie wiederfinden
wenn ich sie brauch
vor allem auch
die Sonne
und wie sie aus den Wolken bricht
und dein Gesicht
das möchte ich so gerne
wiederfinden
...
wir wollten unsre Zukunft dehnen
der Zug fuhr weiter ohne dich
ich höre deine Stimme
nicht mehr neben mir
...
hier sitzt ein Stotterer
der seine Worte stammelt
und seine Silben immer wiederholt
und das bin ich
...

dein Bild
der Zug
das Rollen seiner Räder
ist so laut
so
laut
...
ein weißes Loch
ein Schweigen
liegt darin
und ohne dich
seh ich mich
unvollständig
...
die Stille
die ich dehne
ich sehne mich
so sehr
...

Was es doch ausmacht
wenn du
mir
wohlgesonnen bist
versuchen schwarze Raben
sich zu färben

Am Morgen

der frische Morgen
hat keine Schwierigkeit
Worte zu finden
der Traum war so schön
die Sonne
spielt mit Tau
in Spinnennetzen
Gedanken
schwanken
zwischen Schultern und Lenden
enden zuletzt
bei blühenden Mandeln
verwandeln
weiß in rosarot
noch zarter Wind
entführt die ersten Blüten

Du und ich

das Feste muss nachgeben
um nicht einzustürzen
wie beim Erdrutsch
der Straßen
das Gerade nimmt

ich lege dir Blumen
in Teller mit Wasser
damit unsre Zeit
sich vollsaugen kann
Spinozas Gott
ist überall
sagst du
mir
dann

wir haben uns beide angezündet
es kreisen Raketen
auf einer Bahn
bis einer abbrennt
irgendwann
auch
beide

Wie in dem Nebenraum
wo Spieler
ihresgleichen
blind vertrauen
ein jeder setzt
auf eignen Sieg
und nach dem Krieg
baut man zusammen auf
sagst du
und ich verstehe dich
schon wieder nicht
nach welchem Krieg
frag ich
da legst du mir
den Finger
auf den Mund

An ihn zu denken

ob Isabelle de Chevron
noch umhergeht
im Turm von Muzot
fast bin ich froh
es nicht zu wissen
kann ich doch weiter
spintisieren
in seinen Werken
mich verlieren
in Kränzen voller
Künstlichkeit
such ich
besungene
Natur
auf
Gräbern
liegen
erste weiße Blüten

Grüne vollbelaubte Zweige
wie sie sich dem Wasser neigen
und wie sie in leichter Luft
tänzelnd sich im Spiegel zeigen
zittern Wellen ganz verträumt
können sich in Bildern baden
glitzern schimmernde Libellen
Sonne hat sie eingeladen

Mein Elixier

Du bringst mich außer mir
wie keiner
lässt meine Phantasie
in Illusionen leben
nicht um zu widerreden
wenn ich begeistert
auf mich selbst
hereingefallen bin
fragst du nicht
nach dem Sinn
du nimmst mich hin
und machst mein Hoffen
riesengroß
was mach ich bloß
das Schicksal sagt nur einmal ja

Es sucht
der südliche Wind
das Abenteuer
der Lagune
er findet
in schwarzen Gondeln
die Liebe
die sich küsst
es sucht
das Meer die Stadt
der Mond
sucht
seine Sterne
wie träume ich
so gerne
von dir
und
von der Ferne
auch

Es wird lange dauern

zuvor geh ich zum Turm am See
und höre
wie die Glocke sich
in alten Mauern
stündlich schwingt
um unbedingt
mir zu beweisen
das Zeit
die einfach nur verrinnt
am Ende
klingt
wie ein vorbei

es ist nicht einerlei
wenn ich die Zeit
nicht halten kann
wenn ich mir sage
irgendwann
und doch nicht weiß
ob's möglich ist

Stunden vergingen
von denen ich es nicht gedacht
sie hielten sich in Dingen fest
bis ich sie fallen liess
in schwarze Nacht

da bin ich ja
bin näher mir
als je zuvor
ich bin ein Tor
sag ich zu mir
ich nehm mich
an die Hand
und zögere
ein wenig nur
will nicht zuviel
erkennen
ich seh mich sonst
zu nah

vielleicht
in einem Jahr
dass ich mich
weiter seh
zuvor geh ich zum Turm am See
und höre
wie die Glocke klingt
und heute

jubelt sie

Auf dem Haus liegt fauler Zauber
Hexen haben ihn gestreut
und der Willy steht davor
alle sehen wie's ihn freut

In der Kommode fest verschlossen
liegt geheimnisvolle Hoffnung
seit Jahrhunderten begraben ohne Licht

Ob es reicht sie zu versenken
dass der Inhalt dunkel bleibt
besser ist vielleicht verschenken

Graue Blumen sieht man ranken
an Spalieren eines Turmes
halten sich an grünem Efeu fest

Nornen finden sich zusammen
pokern um verschlossne Truhen
fordern Schicksale heraus

Seht der faule Zauber liegt
immer noch auf diesem Haus
und der Willy steht davor
packt den Hexameter aus

weil er endlich wissen will
wie lang denn der Zauber ist
und er schreibt sich alles auf
weil er doch so schnell vergisst

Unter Verwendung des Bildes von Gisela Jokiel

der Himmel
eine graue Wand
ich halt das Blau
in meiner Hand
und springe
in die Leichtigkeit
dass ich
mich spüren kann
vielleicht
mich nicht
darin
verlieren

Warten

ob das
schon alles ist
wenn ich warte
auf das
was mich erwartet
nicht wissend
ob ich es fürchten muss
und ob
mein Herz
noch
weiter schlägt
danach

wie lange es wohl
dauern wird
das Sterben auch
ist da nicht doch
ein Gott
den ich zum Schluss
erkennen will
weil er mich
trösten soll
vielleicht
das Gegenteil
von dem
was ich
geglaubt

was macht das nur
mit mir
und auch mit dir
das Warten
wenn man meint
dass es
das einz'ge wär
weil es so scheint

Der Himmel
sieht dir dabei zu
wie du dich nicht
entziehen kannst
hat seine Farben
eingetauscht
und ganz berauscht
bist du

das Licht
will manchmal
im Schatten bleiben
will seine Spiele
leise treiben
ganz sehnsüchtig
weil es von Liebe weiß
dreht sich
mein Denken herum
im Kreis
und kann
geheime Wünsche
benennen

Manchmal sieht man Nachtgespenster
wenn schon längst die Sonne scheint
möchte man sich
weil man weint
stundenlang verstecken
manchmal sieht man helles Licht
dass sich über Wolken legt
obwohl es ganz dunkel ist
leuchtet es so schön

Mit dir

Auf den Straßen
des Meeres
tanzen die Wellen
im Regen
im Nebel
im Wind
es leuchtet der Marmor
so weiß
in Carrara
dort
wo die Steinbrüche sind
...
deine Augen
sind wie Monde
...
weißt du das ?

Kahle Flecken auf dem Rasen
die hat nicht
die Sonne hineingebrannt
wie ein Betrachter
der nichts anderes tun kann
sich alte Platten anhört
weil er denkt
sie holen die Zeit zurück
als der Zug anfuhr
bist du gegen mich gefallen
ganz nah warst du mir
das Abendlicht
sickert aus Abgasdunst
es raubt Laternen
die Romantik
deine Augen
haben etwas Verschleiertes
als hättest du
deine Seele verfeinert

Jeden Tag
eine andere Bühne
die Fabel
verläuft sich
im grünen Wald
nie wird sie angespült
an weisse Strände
alles so sinnig
jedes Tier
weiß um seinen Ruf
die Mohnblume
muss warten
das Korn ist nicht
kornblumengerecht
der April
winkt immer noch
mit kalter Hand
dem Mai zu

Mein Gesicht
hat sich hineingelegt
in deine Hand
und weint dir Tränen
in die weiche Sichel
in der Ferne
ruft der Kuckuck
ich habe vergessen
zu zählen
du malst
eine liegende Acht
in meine Seele
und legst sie
mitten
ins Grün

Die Erschöpfung liegt auf dem Asphalt
der Abend hat sich langsam enggeschnürt
da ist keine Lust mehr
Schwellen zu belaufen
das alte Gleis
liegt ungerührt
neben blühendem Löwenzahn
in der Senke
haben sich Kröten versammelt
wie ist das romantisch
ruft das junge Mädchen
mit den himmelblauen Augen
sieht es den Gelbrandkäfer im Teich
als Freund der Kaulquappen

Wenn sich die Nacht aufschnürt
werde ich dich küssen
nicht nur im Traum
in ein paar Wochen
blüht schwarzer Holunder
in weissen Blüten
liegt süßlicher Duft
und böseste Schatten
verwirren
die Luft
sie wurden von guten Geistern
verscheucht

Wenn ich so
durch die Stadt gehe
und mir den Mantelkragen hochstelle
wie im Film
die Dame im Trenchcoat
und vor mir die Tauben
nach Leben suchen
und nicht wissen
dass jemand Gift
bei sich hatte
verdreh die Augen
nicht so
mein Täubchen
sonst bleiben
sie dir so stehen

In der Mitte des Sofas
eine Plattenhülle
mit ersten Sonnenstrahlen
die lange Nacht zuvor
hat mir die Augen verquollen
unablässig
unsere Musik
die Gedanken
verklebten
meine Haare
mit Tränen
verschoben den Schlaf
doch
in der Frühe
die Sonne
wie
Bambus
der
aufrecht
ohne zu brechen
dem Wind sich beugt
bist du
meine Gedanken
verlieren sich
wieder
in dir

Für dich / nach mehr als zwei Jahren ...

Wenn man lang genug hinsieht
erkennt man
unter dem Moos
etwas anderes
ein verwehtes Gesicht
voller Unebenheiten
wie Blindenschrift
wenn meine Hände
dich freilegen
dich zu ertasten
lese ich dich
mir vor
und verschiebe
unseren Abschied erneut

Wie unter Zypressen

im Hintergrund
stehen
dunkle Fliederbüsche
ohne Romantik
liegt Abschied
in ihnen
ein weißer Schmetterling
versucht sich vergeblich
später der Mond
so vertraulich
ich bin es
umhalst mich
einer
der meint
mich zu kennen

Am Himmelsbogen
verschrumpelte Wolken
kein Blau
wie das blaue Schaf
des Künstlers
die Farbe verstarb
es ist ein Dilemma
sage ich mir
und gestatte dem Himmel
ein anderes Bild
gegen den Wind
lass ich Drachen steigen
in der Erinnerung
tragen sie Grasbüschel
und Tapetenkleister
an Viertelstäben
dazwischen
Durchsichtigkeit in Rot
oder gelb oder so
im Gleitflug
noch mal nachziehen
und sehen
den Steilflug
eher er trudelt
ein
Pass doch auf

Mein
menschgebundener Ort
zu dir
noch einmal
allein
zu sehen
was übrig blieb
von uns beiden

Wie immer

verlässlich
wie Jahreszeiten
kurzatmiges Adrenalin
wechselt sich ab
mit dem Rausch
überall
Gold und Edelsteine
hecheln bis zur
Atemnot
keuchend
nachgeben
am längsten
der Winter
die Sonne kommt wieder
wie immer

dead end

du hast dich in Leder gepackt
wie ein antiquarisches Buch
genau so brüchig
wirst du werden
beim Warten
dass sich jemand
für dich interessiert
dead end
demnächst
in ihrem Theater

Das Nervengift malt
goldnen Schnitt
in dein Gesicht
wie eine Gaukelei
so abenteuerfrei
passt du nicht mehr
zu mir

Zustand

gegenüber
auf knarrenden Dielenbrettern
drängen sich schwarze Gedanken
um rostigen Stacheldraht
kräht sich der Hahn draußen
die Seele aus dem Leib
zuvor
beschwor
die Nacht irgendeine Verheissung
sicher ging es um Tollkirschen dabei
träumte
die feuchte Erde von Blumenkohl
ich hab ihn wachsen sehen
überall wohin ich sah
war er da
und hat meine Welt verwandelt
sie handelt
nunmehr von Dorngestrüpp
in Raucherlungen
ganz ungezwungen
bleibt mir im Auge
die Luft mit graublauen Tauben
vor herunterhängenden
Regenwolken

Verzaubert

Sehnsucht nach dem Knistermond
und Sternenmelancholie
wenn das Lied goldne Felder besingt
und mein betörtes Herz
ein Frühlingszittern spürt
dass du einen Zauber
auf mich geworfen
hast
vielleicht

Warum sollte ich sprechen
über eine Fehlverbindung
in der Leitung
taumeln meine Gedanken
in ein Labyrinth
der Phantasie
ist das äußere Leben
ein Traum oder Realität
ich liebe das Rätselhafte
wenn alle Türen offen stehen
und jeder meint
er hätte Recht
als kenne er
das Geheimnis der Dinge
ich könnte vielleicht
die Bekenntnisse
des Augustinus deuten

Im vergessenen Meer
liegt untergegangene Sehnsucht
ohne flügelschlagende Schwäne
in schwarz oder weiß
liegt das Bunte begraben
Segel auf faulendem Treibholz
das Salz taugte nicht
zum Konservieren
stieren Blicke
auf Wellen
die frieren
ohne Bewegung
jammert der Ton
das Lied von der Galeere
und Menschen ohne Ehre
--
versinkende Sonne
meine Seele
ringt mit sich selbst
bevor sie
ertrinkt
in goldenem Glanz
--
mein Ich
gehört mir nicht mehr
es liegt
auf versunkenen Inseln
fernab
jeder Entdeckung

Von - bis

als der Mond die Magnolie
fremd werden ließ
weil schwankende Schatten
den Frühling verwarfen
zerschnittenes Herz
und Abschiedskuss

..

mit der Erinnerung
in Ängsten des Schlafs

..

wenn der Winter sich neigt
die Seele noch suchend
im langen Dazwischen
langsam die hellen Töne geigt
dass der Mond sich befreit
von schluchzenden Küssen
Magnolien den Frühling
feststellen müssen

Eine Weile
seh ich deinem Schatten zu
wie er sich mischt
mit dem anderen Schatten
ob ich dir mein Bild
nachschicken soll
das fröhliche
das ich von dir gemacht habe
auf dem die Wolken
abgeblättert sind
und die Sterne
deine Sprache sprechen
meine Finger
haben dich noch einmal abgetastet
ehe du dich neu
verschmolzen hast
und wohin ich gehen soll
wenn du mich
fortgewunken hast
wenn der Zug
den Bahnhof verlässt

Sind schön
die weissen Wolken
die vor sich hindösen
überm Meer
das heute nicht
ergründet werden will
die Sonne
keine Finsternis beweint
weil sie sich
nicht versteckt
und einfach
scheint

Weiches Gras
samtene Augen
der Weidenkätzchen
berühren
kleine Tautropfen
alles was ich heute Nacht schrieb
habe ich wieder zerrissen
die Tinte hatte sich verwischt
noch nicht vollends aufgelöst
der Nebel
das Orchester
des Gartens
übt sein Einstimmen
ganz allmählich
schweigt sich
nichts mehr aus
alles
klingt
nach Entdeckung

Meine Phantasie führt in die Irre
ich denke an
Vergissmeinnicht
und grüne Katzenaugen
dabei sehe ich ein Schulterblatt
und Wimpern
auf rosigen Wangen
in deinen Augen
sind Sonne und Mond
zu Frühlingsgefühlen
geworden

Sonne

ab heute nicht mehr
sagt sie
und lässt sich
aus Wolkenbergen
fallen
nimmt Platz
auf rosa Päonienknospen
und versteckt
Tannennadeln
in Ameisenhaufen
bitte wenden
die Windrose
schwankt
und schaut mit Argusaugen
auf den Frühling
aber JA
bald ist wieder
Seerosenzeit

Die Bäume
atmen
die Stille
nur in der Nacht
an der belebten Strasse
eine pilgersüchtige Kapelle
tränengeblendete
Botschaften
hängen
in Prozessionen fest
verlorener Zettel
vor dem Abfallsammler
Bruchlandung
steht darauf

Am Abend

Kein Himmel aus Milchglas
das Abendlicht
haucht warmes Gold
in dein Gesicht
und legt sich
auf halb geschriebene Sätze
versprich, dass du ..
wie wunderbar ..
das Licht fängt sich
in deinem Haar
und vor dem Fenster
singt der Wind
den Ruf der Sehnsucht
und er klingt
nach rieselnden
Kirschbaumblüten

Wie immer halbfertig
wie der Frühling
oder der Sommer
wie jede Jahreszeit
unwirklich
sagst du
und
wirklich
sage ich

Da bist du ja

von draußen die Musik
und wir fallen uns
in die Arme
...
vor den Fenstern
schimmert der Mai
sein Grün
im zarten Erblühn
ein flirrender Zauber
liegt in der Luft
und weisser Flieder
verströmt seinen Duft
im glitzernden Strom
liegt Himmelsblau
ich weiß es genau
...
solange du da bist
halt ich dich fest

Ich hatte befürchtet
nicht wiedergeboren zu werden
im Sternenhaufen
wollte ich liegen
bevor er explodiert
und sabotieren
wollte ich nur
mit Phosphor auf der Stirn
dass man mich finden kann
doch unter Blinden
funktioniert das nicht
und schlappe Münder
können nicht verkünden
dass ich aufs neue
sterben
und dass ich
wiederkommen muss
und wenn ich neugeboren bin
wär ich so gern
ein unentdeckter Stern

Wie unsinnig
die klagende Stimme
sie holt nichts zurück
und Gräser die duften
brauch ich nicht
zum Glück
dein geflochtener Kuchen
hat mir nie
geschmeckt
entdeckt
hab ich gestern
dein graues Haar
und der Wind
wie er störte
und du sagtest ja
und dann
habe ich
Gräser gerochen
und ein Duft
ist mir in mein Herz
gekrochen
in deinem linken Auge
war Frühling

TagGesicht nachts

Dieser hilflose Tag
ist mir im Kopf
in der Nacht
wenn der See
erstarrt
Lichter zeigt
die er am Tag
nicht nötig hat
alle Blumen am Ufer
in Schattenrissen
vergessene Besuche
der Schmetterlinge
auch am Tag
kann der Himmel sich senken
weil er sein Aufreissen vergisst
trägt er Lieblosigkeiten
in schwarzumflorten Wolken
spazieren viele
dieser hilflosen Tage
und lauern wartend
auf den der empfänglich ist
der heilige Geist
schüttet alles daneben
wenn er kommt
und sein Licht
erreicht den Tag

bruchstückhaft
nur in der Nacht
da trägt der Wind
Säuselstille
Töne sind zarter
sie liegen im Dunkel
schwingender Stäube
kletten sich an Decken
vibrieren in tauben Ohren
klingen so leicht
wie im Paradies
findet alles zueinander
da regnen Blüten
ohne Jahreszeiten
zu kennen
schweben sie duftend
und perlen sich
willig um den Hals
ich könnte morgen
auf das kleine Schwarze verzichten
alles von vorn
wenn du kommst
leg ich uns nackt
in verwehte Gedanken
und zünde uns Leuchtfeuer an
dem Tag die Richtung
zu weisen

Wenn ich nicht weiß
was du denkst
und ich träume
und mich sehne
nach der Ferne
und nach dir
--
hab dir
ein warmes Kleid
genäht
das ist ganz weich
besteht aus Liebe
hab BlumenKetten
umgehängt
sie sind aus purem Gold
und du
der Fluss
hat sich heute verzweigt
er hat sein wahres Gesicht gezeigt
sein Ufer hat er
überschritten
und mittendrin
die alten Weiden
--
ich würde dir
gern schreiben

doch weil ich
zu viel fühle
find ich
den Ausdruck nicht
--
der Zweifel
braucht das Geheimnis
ich brauche dich
unversteckt
alles von dir
will ich entdecken
ganz ohne Zweifel
weil ich dich liebe

Nichts Lohnenswertes
nichts
das besser
quälen könnte
verkommene Nächte
mit Russisch Roulette
wieviel noch dazuladen
bis zum Zerbersten
es lohnt sich nicht mehr
du entkommst dem nicht
was du dir selbst gesucht
und wenn das Blut gefriert
und alles reglos wird
und du nur Kette rauchst
wenn du zum Säufer wirst
weil dich die Leidenschaft zerstört
von der du dachtest
sie verwöhnt dir deine Lust
dabei weißt du vor Frust
nicht ein noch aus

In einer Ruhe
die verwundert
nach dieser Nacht
mit ihrem Sturm
erwacht der Morgen
wie in einer Sänfte
ach nein
es stört mich nicht
wenn du
und diese Taube
wieder da
vor einem Jahr
war sie schon einmal hier
bei mir
ist alles klar
seit du
ich habe
keinen Kummer
seh deine Nummer
auf dem Telefon
ach du
es ist noch nicht
soweit
lass dir ruhig Zeit
vielleicht
bis später mal
wer weiß
das schon

Lichtkringel
auf filigraner Zeichnung
vereinzelt
strahlen Linien
die zuvor kaschierten
ein Verlangen
deutlicher zu sehen
ich kenne nichts
und ob es genügt
Seifenblasen
zu betrachten
bis ich dein Bild fand
es zeigt ein Kindergesicht
und viele Bäume
und mein Herz summt
ein Kinderlied

Die Flucht nach vorn
quält sich heraus
aus felsigen Trümmern
schwarzer Gedanken
es tanzen die Toten Ringelreihen
und nehmen mich in ihren Kreis
ich weiß dass ich zerschellen werde
in einem See aus Steingeröll
wäscht mich mein eignes Blut
und nichts wird wieder gut
ich weiß es ja
ich weiß

Am Rhein mit dir

Wie er so schön ist
wenn er da liegt
wie er so Zartes von sich gibt
und weiße Wolken
in ihn geschmiegt
sehen mich an

Wie er so traut
und ruhig fließt
wenn auch der Baum
in Wellen liest
die kleine Möwe wie sie quietscht
und Faxen macht

Wie du so sanft
und lieb sein kannst
wie du beim Muschelsuchen lachst
wenn du ein Stummer wirst
weil du nur
küssen willst

Und morgen siehst du
die Äste zersplittern
sie hängen den Bäumen
dann im Gesicht
und morgen habe ich
neue Gedanken
die halte ich fest
in einem Gedicht
doch heute möchte ich
einfach mich freuen
der Springbrunnen sprüht sich
ins sonnige Licht

Es hing so ein Maimond im siebten
Himmel
und wurde von allen für flach gehalten
dabei hat er sich so stark gewölbt
dass selbst der Himmel Platzangst bekam

Es ist soweit denkst du
und siehst den Sommer in Badelatschen

Mir träumte da seien Lichter gewesen
die ließen Ketten aus Steinen glitzern
und spiegelten bunte Bänder aus Leinen
die hingen im weißen Jasmin
ich wollte die höchsten Gipfel nicht sehen
viel lieber wollt' ich in Höhlen forschen
und weisst du da war so ein Ahnen in mir
es fing auch der Marmor an zu leuchten
da hingen Bilder wie Mosaiken
berührten einander und spürten sich
atmen
erzählten sich von schönsten Farben
und dass sich Gefühle darin verlieren

Ich sehe

Die Felder am Horizont
mit ihren Bildern
wenn ich sie seh
tun sie mir weh
entzünden ein Feuer
in meinem Herzen
dumpfe
Sehnsuchtsschmerzen
die Augen werden
zu Mimosen
nur weil sie vorher
Rosen sahen
was für ein farbiges Gewimmel
der Himmel zieht den Bogen auf
es liegt kein Honig in der Luft
der Duft ist anders noch
es ruft
von irgendwo ein Vogel
ohne Namen
und UnkrautSamen
puste ich von meiner Hand
und schau ihm sinnend hinterher
wie
wenn es nochmal früher wär
ich fühle
mich
--
sehr

Ich ohne Ende
ein Monolog
der mir
bleibt

Wie verwandelt

Wie sich die Wolke verwandelt
eben zog sie den Himmel noch zu
nun gibt sie ihn frei
der Wind half dabei
schob sie mit Macht
hinter die Bäume
---
und ganz verträumt
ein sanftes Tal
da nährt ein Bach
das durstige Gras
damit es leben kann
und Gänseblümchen
halten Mittagsschlaf
---
ob ich mich trauen darf
ich fang zu summen an
ganz flüsterklein zuerst
doch dann
nochmal von vorn
und etwas lauter

Um zu verstehen
warum es so ist
ob da vielleicht
noch anderes ist
es zu begreifen
wenn Hoffnung bricht
da ist nur Nacht
wenn es fehlt
das Licht
wenn ich ertaste
was ich nur ahne
Träume verwerfe
die ich geliebt
schreibe ich Worte
es zu benennen
schreib deinen Namen
dass es dich gibt

Du
hast Rosen in den Augen
und lässt sie
von Liebe sprechen
der Wind
blättert
in meinen Träumen
und weht mir
deinen Duft
ins Herz
Die Maske ist gefallen
ein Meer
hat sich in
Wolken
versteckt
zittrigen Händen
entgleitet
ein Stückchen Leben
dabei sollte es endlos sein
sollte dir die Zukunft weisen
leise wird es Nacht um dich
wie ein Hafen ohne Schiff
wie ein See
dem Wasser fehlt
und das einzige
was zählt
ist der Mut

dass es gut wird
sage dir
dass ein neuer
Tag erwacht
der das Träumen
möglich macht
der dir
Liebe schenkt

Wenn die Augen
noch schwanken
von rot zu grün
hältst du für mich
den Himmel auf
schwebende Wolken
die dich modellieren
sind überall zu sehen
du gehst nicht fort
wächst das Efeu so grün
wenn ich nur will
seh ich weisse Raben
Vergissmeinnicht/Augen
im welligen Meer
und eine Ebbe
mit MuschelBlumen
und müdegeflogene Möwen
die retten sich dahin
gehst mir nicht aus dem Sinn
bin ganz verzaubert
von dir

Der Saal hat sich an die Decke gehängt
er hat es entdeckt
als er sich gedreht
auf einem Ständer
stand ein Pokal
der tauchte später
im Strohhut auf
und er pfeift drauf
ein Menuett
schreibt ein
Sonett
tanzt später Tango
erst im Bett
da dreht die Welt sich
wieder um
er
setzt den Strohhut auf

SonnenLächeln

In einer Ruhe die wundernimmt
werden wir endlose Straßen gehen
unsere Herzen halten sich fest
alle Blumen sprechen mit uns

Weil wir beide zärtlich sind
pflücken wir uns schönste Träume
fürchten keine dunklen Bäume
die das Licht verstellen

Lieben uns von Mond zu Mond
kosten alle Phasen aus
tauchen unsere Gesichter
in ein sanftes Morgen

Deine schönen traurigen Augen
dass ich in ihnen
versinken kann
wenn ich des Nachts
deine Seele suche
nur darum nehm ich sie mit
wenn ich geh

Manchmal muss man sich
selber suchen
damit man sich nicht
aus den Augen verliert

Unübersehbar
reckt er sich
der Baum ohne Verbund
er drückt
dem Himmel
im Hintergrund
seinen Stempel auf
der Montag wird nicht wochenalt
sagst du
und traust dir nichts mehr zu
der Baum hängt Blüten
an die Wolken
Tropfen an meinem Fenster
und der Wind ist
wie ein Blasebalg
der Baum trägt volles Laub
lässt keine Sterne durch

Und wenn ich dir sag
du bist alles für mich
weil du ein großer Verwandler bist
der aus der WinterMüde des Frühlings
Rosenstämme züchtet
du hast dein Herz mir
vor Augen gehalten
darin ist Hoffnung eingraviert
du hast mir deine Hände gezeigt
die können Zweifel zerstreicheln
meine Augen gehen auf dir spazieren
und sehen kleine Härchen zittern
und rührende Fältchen in deinem Gesicht
lachen das Alter aus
ich folge dir
weil es mich nach dir dürstet
je mehr ich trinke
desto tiefer der Durst
heute kommst du
durch den Regen zu mir
ich spüre dich
wie meine Sonne

Maigewitter

Die leichten Wellen
der schlammige Fluss
trägt den Himmel über sich
Blitze stürzen ab
der Donner
lässt keinen Abstand mehr
direkt über uns

in großen Tropfen
schwült später die Hitze
wie halluziniert
benimmt sich die Luft
und duftet nicht länger
nach Sonnenmilch
drüben legt ein Regenbogen
seinen Anfang
ins Korn
und vorn erhebt sich
roter Mohn
und wartet dass die Sonne
ihn bescheint

die Vögel taten nur so
als wären sie fort

solang ich es liebe
wird es leben
weil ich es liebe

Rückfahrt

Das kleine Baby gegenüber
übt das Erforschen
mit seinem Mund
es lächelt mich an
und sabbert dabei
und gluckst herum
verlangt nach Brei

der alte Herr sieht grimmig aus
im Nachbarabteil
sind Kinder zu laut
er fühlt sich gestört
und fährt aus der Haut
als wäre ihm
das Kindsein fremd

Es staut sich die Liebe
vor dem Abteil
ein junges Paar
lernt Trennungsschmerz
ein kleiner Stich geht
durch mein Herz
ein wenig fühle ich mit

Der Zug hält seine Pünktlichkeit
heut nicht für übertrieben
das junge Mädchen flüstert leis
ich wär so gern geblieben
ein Tunnel zieht den Augen
ein letztes Mal
den Vorhang zu
und nicht mehr lang
und dann
bist du

Es gibt nichts Schöneres
als einen Horizont der offen ist
für alle Wunder
die man sehen will

Bald

Am Horizont
wächst der Sommer
in Goldgestalt
wie werd ich
so gerne
ihn schmücken
mit rotem Wein
und Gitarrenklang
mit Stunden
in flirrender Luft
der blaue Phlox
mit seinem Duft
und in der Nähe
liegt mein Fluss
der fächelt
seinen Atem mir
ich saug ihn ein
und wäre gern
ein Schmetterling
der eine Blumenwiese liest

Am Horizont
fliegt blauer Himmel
in meinen Blick
der alles will
und der sich
festsaugt
im Gebirge eines Sommers

Schweben Gefühle
durch Frühlingsluft
hallt ein Echo
sich zu Tal
wird wieder neu
und noch einmal
das AbendBlau
legt seinen Glanz
auf alle Täler

deine Augen sind
wie Monde
die im Licht
der Sterne
stehen

Wetterumschwung

etwas ist aus dem Bild gefallen
als hätte es nicht
in den Rahmen gepasst
es fiel in Unkraut und Gestrüpp
verlor sich fast auf schiefer Bahn
und stand am Ende
nah vor mir und
schien mir
unverändert
es ist ein Stein ins Wasser gefallen
und schlammiger Boden
hat ihn verschluckt
der Julimond hat ihn gesucht
und fand nur
eine schmale Spur
in abgekühlter Sommerlust
wie eine große weiße Narbe
in der man nichts mehr fühlt
weil man sich nicht erinnert
ob Kälte Seelenfrost erzeugt
ob Sonnenrot
auch bitter
schmecken kann

wenn die Blumen Sonne suchen
ahnen Tannen längst die Nacht

Die warme Nacht
betört
der Wind hält seinen Atem an
es ist schon weit nach Mitternacht
als du mich fragst
und meine Seele
sich entblättert
weil sie in deiner lesen kann
und eine Innigkeit
und deine Hand
fühlt sich
so zärtlich an
und wenn du lächelst
singt in mir ein Lied
nur manchmal
du weisst schon
geh ich im Kreis
verlier mich
beim Suchen
nach neuen Sternen
wenn ich dich frage
was ich längst weiß
sagst du
ich liebe dich so

Sommer / Gewintert

Es fiel mir auf
dass der Frühsommermond
den Gingkobaum
neben dem Friedhof
in andere Farben setzte
die nach Weihrauch rochen
und dem Grün
die Ahnung nahmen
eine alte Frau sagte
sie lebe so gerne
von einer Sekunde zur anderen
die Augentäuschung
nahm ihr die Tränen
aus meinem Gesicht
ich frage mich
ob unter Gesteinsmassen
etwas zirkuliert
und ob eine Sehnsucht
sesshaft werden kann

Vor Überwucherung

Noch nicht verflogener
GeheimnisDuft
das Gedächtnis
bereitet ihn auf
verkürzte Gefühle
ein gieriger
Morgen
steht im Fenster
verlottert
vor dir
wie unabsichtlich
entblößte Brust
Bauchnabel abwärts
Hauswandverdeckt
rote Geranien
in erster Etage
die man vergaß
zu entwelken
Sommerflieder in lila
zu kurz das Kleid
für Schaukelblicke
ein Sprung
über Brennnesseln
die Hocke danach
verschwindet
im Blick des Fensters

Vor der Nacht

dass du
die Sternenmeere
mir deutest
eine Nacht lang
über den Wolken
mit mir verbleibst
in unserer Sprache
im zärtlichen Tonfall
in alle vier Himmelsrichtungen
verlaufen sich die Konturen
des Aquarells
aus dem See
der Erfahrung
legen sich Farben
Bilder zurecht
sind die Wünsche
zu spüren
offen wie nie

Beim wiederholten Versuch
die Kindheit zu verlassen
streckt mir der Spiegel
die Zunge raus

Ich könnte
in der Mitte
stehen bleiben
gegen das Morgenlicht schauen
und auf dem Absatz kehrt machen
wenn mein Bild
ein anderes wäre
könnte ich
mit mir
fremdsprachig reden

Um dich zu beschreiben

Vielleicht beschreib ich dich
mit Kornblumen im Margaritenfeld
mit Nachtgeknister im wilden Jasmin
...
mit umschlingenden Armen
und weichen Wangen
mit Wärmküssen in meinem Nacken
...
dass du wie eine Möwe bist
die man von weitem lachen hört
dass du voller Romantik bist
die mir immer mein Herz betört
...
manchmal bist du ein Schmetterling
der in nachtdunkler Farbe spricht
wie eine Fledermaus
...
denk ich mir einen Wirbelwind
der mir Sand von den Dünen bringt
denk ich mir wie ein Blau verschwimmt
in dem See deiner Augen

Am Abend

Das Abendlicht ist schön
es macht die Schatten lesbar
der Igel kriecht in Berge voller Laub
ich glaub
der Apfelbaum
verwildert
verteilt die Zweige
wie er will
ganz still
liegt Leuchtgeröll aus
Feuersteinen
die kleinen Fuchsien
als ob sie weinen
Clematisblau in Rosenrot
rankt sich am Bogen
und der droht
fast umzukippen
und deine Lippen
nah vor mir
seit heute
bist du hier
die schwarze Katze
schnurrt zufrieden
der Mond hängt halb
wie unentschieden

Juniwetter 2016

wenn dunkle Wolken
ihrer Wege ziehn
und keinen Platz
für Sonnenpflaster lassen
als könnte Dauerregen
heilsam sein

Am Bach

Wie es sich müht
dieses Stöckchen
im Bach
und wie es treibt
gegen den Wall
den Kinderhände
fleißig gestapelt
und überall
ist die Hitze heut groß
...
dein Schoß
ist heute seidenweich
dein Arm
-ab Beuge
ist er bleich-
vor meinem Mund
ich würd am liebsten
...
ein Salamander
liegt träge und schaut
wie sich der Himmel
über ihm blaut
und sich in alte Weiden steckt
die leise surren oder sirrren
und kleine Vögel
wie sie schwirren
...

hör mal
sagst du
und du beugst dich
zu mir
verschließt mir den Mund
ein Taumelfund
dein Kuss
schmeckt nach Nevadawind
und später
nach
maßlosen Rosen

Heute / Schwesterherz

flanieren wir beide
durch die Stadt
durch den Park
wenn du willst
geschwisterlich
heut mehr
als früher
kennen wir uns

Der Sommer
schiebt
Juniwolken
vor sich her
sie passen so gut
in Gedichte
verwirbelte
Azaleenblüten
schwimmen
im Seerosenteich
es riecht nach Regen
und langsamer Sonne
die Schwalben
weichen schon aus

Ein gebogenes Weidenblatt
wie eine Sichel
hängt es im Baum
der Mond
hat längst
aufgegeben

Abendgewitter

der Himmel
baut dem Gewitter
eine Bühne
ein aufgeschnürter Abend
der sich verliert in
gespiegelter Luft
bewegte Tasten
auf einem Klavier
ich stehe hier
im Taumel
des Sommers
ein Regen der fällt
--
das Ankommen im Morgen
beginnt
heute
ein Hauch
von Zukunft
in deinem Kuss

In eine versinkende Welt
zertretene Maulbeeren
schmecken
nach Seide
überall nur
Raupengespinst
in deinen Haaren
Schaumperlenkronen
grüne Kokons
auf Wanderschaft
in der Trunksucht
der faulige Bach
schwankt sich das Laster
von Betttuch zu Betttuch
flieht sich die Lust
zum Ende der Nacht
wird alles versinken
und wieder
erdacht

Unter der ganzen Breite des Himmels
liegt ausgegossen
das Wattenmeer
weicher Sand
Erinnerungsblick
davor die Dünen
und wir
im Glück

Für dich

lese die Botschaft
in meinen Träumen
öffne das Fenster
denke an dich
erst wenn du kommst
werd ich dir schreiben
möchte dabei sein
wenn du es liest
über dem Rocca
silberne Sterne
verschlungene Wege
mit HoffentlichGras
...
mit der namenlosen Wolke
treibt der Wind VerwandelSpiele
schickt er Geister durch die Luft
fallen durch den Rosenduft
landen hier im HonigMeer
und du weisst ich lieb dich sehr
geb der Wolke deinen Namen
und der Wind verwirbelt ihn
und ich sehe lachend zu
bist mir längst im Herzen
du

Wir wollten
eine Seerose pflücken
eine Blattverdeckte
die sich nicht
öffnen konnte
fanden
wir in Sümpfen
unter Pappelsamen
das alte Boot
festgefahren
in den Verästelungen
alter Baumwurzeln
eine Ausdehnung
von Ursprüngen
dazwischen
ein weggezogener Boden
aber das Boot
sagst du
als ich
und
du
-

Betrübt

Im beginnenden Begreifen
taucht sich
Liebe
in die Verwirrung
und spielt
Verstecken
mit mir
---
im leichten Wind
der Thymian
ein leiser Himmel
sieht mich an
als lägen Gefühle
in ihm versunken
---
wie trunken
verschlungene
Wege gehen
zurück sich wünschen
den Frühlingsmond
vielleicht dass er
es schaffen kann
die Traurigkeit
zu nehmen

mit allen Sinnen
doch welcher zuerst

mit allen Sinnen
doch welcher zum Schluss

dazwischen
lieben wir uns

du hast mir den Stein
aus dem Herzen geholt
er war mir
tief hineingefallen
hab dich
auf seine Stelle gesetzt
damit du der Freude
den Platz freihältst

Sommertag

Überaus schön ist der Tag
eine verwehte Blüte im Haar
ein Mädchenlachen im Hintergrund
wer kann am höchsten schaukeln
der Blumenkorb unbändig bunt
ein Schmetterling will gaukeln
er streift ein Blumengelb
und Wolkenberge
schön wie nie
ohne Geometrie
flocken sie
den Himmel
weiss
und leise
tauschen sich Blicke
und Zärtlichkeiten auch
und du ich creme dich ein
und ja und ich dich auch.
und später dann

betörende Worte

Sonnenlicht

Der Raum lebt
im Sonnenlicht
anders als gestern
konnte nicht
durch das Fenster sehen
haftete
Seelengrau
an den Scheiben
da wo die
wiegenden Zweige
sich zeigen
hör deine Stimme
wie sie mich ruft
zaubert ein Lächeln
mir in's Gesicht
hat sich gelöst
aus wirren Gedanken
seufzten sich
traurig
zum Himmel hinauf
alles
ist leichter
die Morgensonne
legt mir
wie verträumt
deine Hände
auf

Ich gebe dir tausend Namen
als würde ich dich
noch immer nicht kennen
als müsste ich mich
ständig verbessern
dabei trag ich doch
dein Bild tief in mir

Strömungen

Als hätte der Mensch
sein Recht von gestern
durch Richtungswechsel
selbst verwirkt
als könnten
seine Eskapaden
auf einmal
neue Wunder sein
die auf dem Weg
sich zu verlieren
durch neues Denken
überleben

Deine Rose

ich wäre gerne
bei dir gewesen
als du sie pflücktest
mit einem Lächeln
und Liebe im Kopf
ob der Garten
ein Lerchenkleid trug
war der Himmel blau genug
hat dir der Tau
deine Füße benetzt
---
ein nahes Bild
im Rosenduft
treibt sich der Wind
weht leichte Luft
mir in mein Haar
im Rücken
wärmt die Abendsonne
und tut
als sei sie lang noch da
---
ich denk an dich
und leg den
Rosenduft
auf meine Haut

meine törichten Blicke
suchen nach Unterricht
für meine Gefühle

du wirst mich schon verstehen

wie der Baum der nach unten wächst
weil er unbedingt seine Wurzeln
im Blick haben möchte

Dir gegenüber sitzen
uns anblicken
ganz hilflos
ohne
eine Brille
nackt
sehen deine Augen
anders aus
wie du mich ansiehst
als wären
die Einblicke tiefer
das Zarte in dir
perlt sich auf die Haut

Zwischen den Häusern
verfangene Wolken
der Wind
hat Pause gemacht
vermutlich
will er Liebende schützen
damit sie auf Wolken
schweben können

Dein Blick sieht nicht genug
wie der Vogel
der gegen die Scheibe fliegt
sich in der Welt
umzusehen

Es war mir die Sonne verdeckt
ein losgelöstes Stück von mir
hatte sich vor sie gestellt
dann ist es weitergegangen
die Sonne kann ich wieder sehen
das mir fehlende Stück
ist wieder zurück
und du

Phantasie
oft verborgen

entzündete Gedanken
wühlen in alten Briefen
nach Nahrung von einst
die Arme über dem Kopf
das Firmament
wirft seinen schwersten Stern über Bord
die Eisenbahn die zur Warnung pfeift
wird nicht mehr eingesetzt
im Zeitlupenfenster
schwankt ein Planet ganz beträchtlich
längst ist er verdorrt
ein Rottweiler hechelt
die Welt ist pathologisch
ruft der Landstreicher
und streift sich den Lehm
von der Jacke
heute ist er nicht todesschwach
aber das Büdchen wird bestreikt
und der Weg bis zum nächsten ist weit
ich weiß nicht ruft das junge Mädchen
ich brauche ja nicht viel
und betrachtet den schnalzenden
Hundebesitzer
der Rottweiler macht kehrt
und sucht den Bordstein ab

die Stelle ist ihm nicht einerlei
böse Blicke fallen auf schwärmende
Küchenmotten
man lässt keine Cerealien
offen herumstehen
der chinesische Drachen an der Leine
steigt in den Himmel hinauf
fast trifft ihn der fortgeschleuderte Stern

Betrachtend

Verschlungenes
liegt im Gewimmel
der Leuchtreklamen
zieht sich frömmelnd
durch Kerzenprozessionen
Moral ohne l verdreht sich
im roten Wein
und seufzt der Flamme nach
die fast erloschen ist
zusammengesunken
sitzt du im Sessel
wunderst dich beim Betrachten
des letzten Tages
über deine schwimmenden Pupillen

dass sie den Tag ablösen
der Schlaf eintrete
endlich

Der See
spiegelt den Himmel
still
manchmal
stört
eine dunkle Wolke
links
wieder alles in Ordnung
ohne dunkel
als ob der Himmel flockt
dazwischen
seerosengrün
das kann nicht spiegeln
liegt ohne Bewandtnis
mein Blick bleibt
unerwidert
satt so
selbstzufrieden
meine Augen
dürsten nach
Entdeckung
rechts
wieder dunkel
es bewölkt sich
mein Kopf
mitten in der Jahreszeit
denkt er
Nebel

Wenn ich dich ansehe
bist du wie eine sanfte Welle
umgekehrt
bergauf
dreh dich um
zeig dich im Ganzen
wenn du dein Bett verlässt
bleibt eine Mulde
die füll ich
mit Hirtentäschel
in kleine Beutelchen
verpack ich dich
an dir zu naschen
wenn mir danach ist

Steckengeblieben irgendwo
in Gedanken
ich stand in einem Feld
da rankte sich blaue Clematis
aber nein
es war ein Zimmer mit
blühenden Pflanzen
aber ohne Clematis
es blühte die Kamelie
rot
auf jeden Fall
ich kam nicht weiter
weil der Garten
eine Vogeltränke hatte
bunte Vögel und
besonders einer
der es mir angetan hatte
ich konnte mich nicht verlieren
hatte mich
dabei
war das Dickicht
ganz dicht
blaue Clematis
mit Augen
die haben mir den Kopf
verdreht
dass ich
besser sehen kann

wie sie mich anblicken
dabei kann man umfallen
ich hatte ja
mein Dickicht
mit Dornen weiter unten
aber erst
wenn man tiefer eindringt
in dieses Buschgrün
Herzgrün Abwehrgrün Kuschelgrün
Allesgrün
nur oben ohne Dornen
stand am Fluss
ohne Clematisblau
blieb der Himmel
in seinem Blau übrig
auf der anderen Seite
ganz viele Grünheiten
aber mein Dickicht
ist einzigartig
seit gestern
wächst darin blaue Clematis
heimlich hab ich sie hineingesetzt
ich falle weich
wenn ich ihre Augen sehe

die wie deine sind

Bei ihm

Es geschieht mir
manchmal
dass Sternenmeere
mich nicht
wachhalten können
das ist verrückt
wenn man im Paradies einschläft
ein Engel der fliegt
wo gibt es denn sowas
frage ich dich
ein Schmetterling
ja aber sonst
nur ein Vogel
dicht über meinem Kopf
rauscht er heran
setzt sich auf meine Stirn
und hält Reden
kiwitt und zizidäh
wechseln sich ab
als sei noch ein anderer da
ein junger Gott
wie komm ich nur darauf
verzückter Blick
der wird es sein
dies Jubilieren
passt dazu

schön singt es
in den höchsten Tönen
schwingen die Flügel
des Sommers
wiegt sich der Wind
spielt Pan
auf der Flöte
es ist eine blaue Welt
die mich emporhebt
ganz nahe ihm zu sein

Als suchtest du
an einem unbekannten Ort
als knietest du
viel tiefer dich als sonst
du siehst
wie eine Wärme langsam schwindet
und übrig bleibt
ein Schleier
den du lüften wirst
wenn es die Zeit bestimmt
dass du empfänglich bist
für eine Zuversicht
und einen Trost

Es waren Stunden
bei mir zu Besuch
da hatte ich Lust
auf Planeten zu steigen
hätt' gerne der Uhr im Glockenturm
den Stundenschlag entwendet
etwas kommt wieder
fliegt durch das Fenster
lehnt sich an Zäune
strahlt mir ins Gesicht
die junge Birke
im Moorgedicht
es blüht im Garten
blauer Phlox
der weiß nichts
von einem flammenden Stern
in seinen Dolden
trägt er Sommer
und wie er duftet
schon von fern

Cocktailschirmchen
Mousse au Chocolat
aus den Fugen
geratene Wolken
erschrockenes Rosa
am Rand der Glasur
kippt sich die Stimmung
ins Brombeergebüsch
in deinem Gesicht
verwischt sich das Licht
auf dem Boden
eine Platte
aus grauem Beton
seitlich zeigt sich
eine Schlange

Impressionen

In langen Schatten
Efeu-umschlungener Pappeln
suchen schwarze Käfer
eilig den Heimweg
es riecht nach Regen
mit dem Rücken
gegen die Hauswand
der Bettler
wie immer
den Cent bestückten Teller vor sich
der tut nur so
in Wirklichkeit wer weiß
wird ein kleines Kind aufgeklärt
von einer wissenden Stimme
die über steifem Hemdkragen
verschwörerisch flüstert
während die Hochzeitskutsche
spielerisch mit weißem Schleier grüßt
Schimmel oder Rappen
was für eine Frage
es sollte doch passen
zur Unschuld weißer Lämmer
das Lamm Gottes
war doch nicht schwarz
High Heels auf Kopfsteinpflaster
die Altstadt lebt davon

es gibt das Komitee
der Stadtverordneten
das sich Ratschläge holt
in fernen Städten
tauscht man sich
über Bodenbeläge aus
man geht mit der Zeit
das Handy LTE / 4G
macht schneller
auch die Pokémons
sie gehen
mit der Zeit
eins hat sich gerade vor den Teller
des Bettlers gestellt
befreit
lachen alle auf
Pokémons
klauen keine Cent-Münzen
Sommer dann doch

mehrere alte Jahre
liegen gebündelt
im Fotokarton
neben der Strasse
der Strauch mit Schneebeeren
ein dröhnendes Flugzeug hoch oben
legt sich auf den Wasserspiegel

die Möwe
legt sich dazu
etwas betäubt mich
die Sehnsucht
nach Farben des Himmels
ganz viel gelb in den Blumen
ein Licht das sich steigert
in Höhen sich windet
bis es keine Schatten
mehr wirft
das Auge schlaflos wird
wegen des Lächelns
in deinem Gesicht
es war wie ein rückläufiges Jahr
als der Sommer
sich den April
zum Vorbild nahm
da fielen die
Sprungtürme der Freibäder
in eine Starre
in dieser Woche
soll der Kalender
wieder stimmen
hoffnungsvoll
ein Sonnenstrahl
berührt
ein Vogelnest

Im alten Kirschbaum
mit dem Baumhaus
wohin ich mich flüchte
wenn ich eine Weile
an nichts glauben möchte
was doch wahr ist
sich verzweigendes Geäst
eine Verzweiflung
die nicht so einfach
abgelegt werden kann
mein gegängeltes Herz
hat seine Eigenheiten
lange nicht einhalten können
Scheinwerfer
eines in die Irre geleiteten Autos
finden nur den halben Weg der Leiter
bevor Worte fallen
die anklagen und nach mir rufen
blickt mich ein kahler Zweig
prüfend an
endlich denke ich
endlich keine Antwort geben müssen
stumm bleibt mein Mund
am Himmel das dürftige Sternenlicht
ich glaube ihm
längst nicht mehr

An den Winter

Ach komm
jetzt tu nicht so
als würdest du
nach dem Kalender gehen
ich hab dich liegen sehen
ganz in weiss
da war Dezember
lang vorbei
na gut
Mai war's noch nicht
in den April
hat jemand mich
geschickt
ich soll den Frühling locken
und du
du lagst in Flocken
und schautest mich
mitleidig an

Auf dem morgenfrischen Gras
liegt ein zarter Blütenschnee
überm nahgelegenen See
hängen Nebelschleier

der Acker weiß ein Lied zu singen
vom wogenden Wind im goldenen Korn
Verliebte die am Feldrain vorn
den roten Mohn gepflückt

spinnt sich ein Kleid aus Sommerfäden
in den Tag legt sich die Sonne
ein Himmel der vor lauter Wonne
sein Blau in Schäfchenwolken taucht

am Spalier die einzige Rose
wie bezaubert mich ihr Duft
weckt Gedanken und die Luft
fängt an zu flimmern